Avenue de la Couronne, 382. 1050 Bruxelles.
Dépôt légal : D/2008/9685/29 – ISBN : 978-2-87466-064-1 – EAN : 9782874660641
Imprimé en Belgique, novembre 2008

Pierre Guelff

Le Petit Livre de la Sagesse et de l'Esprit maçonniques

Jourdan
EDITEUR

Principaux ouvrages de l'auteur

– Long est le Chemin de Compostelle, Dédale Éditions, Paris, 1990.
– Henri Suetens : le cancer, ma bataille, Éditions Frédéric, Braine-L'Alleud, 1990.
– Sur les traces des Enfants de Salomon, Éditions Frédéric, Braine-L'Alleud, 1991.
– Le Matin des Géobiologues, Éditions Savoir pour Être, Bruxelles, 1992.
– Belgique sacrée, Belgique magique, Éditions Savoir pour Être, Bruxelles, 1992.
– Sites sacrés, Cités magiques, Éditions Savoir pour Être, Bruxelles, 1993.
– La mystérieuse saga des Templiers, Éditions Savoir pour Être, Bruxelles, 1993. Deuxième édition : 1994.
– Dialogue entre un prêtre traditionaliste et un Franc-Maçon, Les Presses du Lion, Courcelles, 1994.
–. Moi, Nathalie, violée par mon père, Les Presses du Lion, Courcelles, 1994.
– René Théwissen : coupable ou innocent, Les Presses du Lion, Courcelles, 1994.
– Notre dernier recours *(bande dessinée en collaboration avec Franguy)*, Les Presses du Lion, Courcelles, 1995.
– Sorcières, porte-bonheur, Les Presses du Lion, Courcelles, 1994. Rééditions : 2000 et 2002.
– Guide sacré du Chemin de Compostelle, Les Presses du Lion, Courcelles, 1995.
– Voulez-vous devenir Franc-Maçon ?, Collections Livres, Bruxelles, 1996.
– L'Egrégore, Collections Livres, Bruxelles, 1997.

– À la découverte des Grands Initiés, Collection Odyssées, Bruxelles, 1997.
– Ixelles éternelle, Collections Livres, Bruxelles, 1997.
– Vierges noires, Vierges mystérieuses, Collections Livres, Bruxelles, 1997.
– Le Cherchant de Lumière, Éditions des Trois-Monts, Auxerre, 1999.
– La saga Dutroux, chronique d'un scandale politico-judiciaire, Éditions Rouchon, France, 2004.
– Marc Dutroux : le procès de la honte, Éditions Rouchon, France, 2004.
– Le Petit livre du Politiquement incorrect-Belgique, PGF, Bruxelles, 2005.
– Charleroi-Bagdad, vie et parcours d'une kamikaze belge, Éditions Jourdan, Bruxelles, 2006.
– Le Diable et la Sorcière, essai, Éditions Chloé des Lys, Barry, 2007.
– Belgique mystérieuse, insolite et sacrée, Éditions Jourdan, Belgique-France, 2007.
– L'Impératrice et l'Enlumineur, roman historique, Éditions Jourdan, Belgique-France, 2008. Cet ouvrage a obtenu les Prix « Arts et Lettres de France » et de la Ville de Rouen 2008.

Liste complète des ouvrages et pour en connaître davantage sur l'auteur ou dialoguer avec lui :

http://www.pierreguelff.info (site web officiel)
http://pierreguelff.skynetblogs.be

Introduction

À l'heure où davantage de Francs-Maçons se dévoilent en tant que tels dans le monde profane, où les bibliothèques fourmillent d'ouvrages sur la Franc-Maçonnerie – on trouve même des rituels entiers en librairie ! –, où des émissions radiotélévisées et des articles publiés dans la presse écrite – pas toujours pour évoquer des « affaires », mais pour aborder le fond du thème – sont consacrés à la Maçonnerie et rencontrent de formidables taux d'écoute et de lecture, à l'heure de la transparence – tout en respectant le devoir de discrétion à l'égard de l'identité de Frères et Sœurs –, des questions se posent encore au sujet de cette vénérable société initiatique : « *Extérioriser la maçonnerie en la rendant accessible à tous ? D'accord, mais que dire ?...* », s'interrogeait récemment Nicolas Georges, directeur d'« Initiations Magazine », dans sa chronique « Le Mot de l'Orateur ».

Par son approche inédite, « Le Petit Livre de la Sagesse et de l'Esprit maçonniques » est une réponse à cette légitime interrogation.

Plutôt que de longs discours et d'interminables exposés ou théories, nous vous proposons une impressionnante série de quelque 530 déclarations et citations « maçonniques » de près de 160 auteurs et sources différents, certaines étant subtilement placées à des dates « symboliques » bien précises : 1er mars, Journée de la Femme, 1er avril, 1er mai, 8 mai, Fête de la Musique, Armistice…

À travers ce panel, le profane et l'initié (re)trouveront des thèmes qui sont autant de références – non dogmatiques ! – apparaissant à la fois comme des préceptes propres aux Francs-Maçons, ou, du moins, des sujets de méditation… pour tous !

Préface

Voie initiatique et École de Vie

Sous maints aspects fondamentaux, notre société contemporaine apparaît particulièrement perturbée, pour ne pas dire chancelante.

Comment, parfois, trouver ou retrouver son chemin dans un dédale existentiel qui ne propose plus guère de repères fiables ?

Certes, la Franc-Maçonnerie ne détient pas le monopole de la solution, mais elle y contribue largement.

Pour ce faire, cette vénérable association s'appuie sur des fondations solides, celles de la Tradition, du Symbolisme et de la Fraternité, entre autres, et elle prouve par ses rites qu'elle possède une très haute valeur initiatique.

Être fidèle à la Tradition n'empêche nullement de se tourner en confiance vers l'avenir, mais il y a lieu de bien différencier la Tradition maçonnique de celle, profane, reflétant un certain folklore, ou celle qui désire perpétuer différentes coutumes.

Il est aussi nécessaire de spécifier que les Francs-Maçons travaillent dans des Loges libres avec des Sœurs et/ou des Frères œuvrant sous la tutelle de la Tradition et non exclusivement d'une Règle, quand bien même celle-ci se doit d'exister afin de baliser toute société humaine.

Ce qui domine et prédomine dans la Franc-Maçonnerie, c'est donc son côté universel, traditionnel, symbolique, fraternel et non dogmatique.

René Guénon, philosophe ésotérique de réputation, a dit à ce sujet : *« Il n'y a plus guère dans le monde occidental, comme organisations initiatiques pouvant revendiquer une filiation traditionnelle authentique que le Compagnonnage et la Maçonnerie. »*

Et qu'en est-il du fameux secret maçonnique qui fait couler tant d'encre depuis des siècles ? Une réponse, parmi d'autres, vient de l'auteur Christian Jacq : *« Le but des symboles n'est pas de cacher. Leur but est de sélectionner ceux qui, les intégrant, se montrent dignes de la Vérité. Le grand secret de la Maçonnerie est donc celui de la signification profonde de ses symboles. »*

La Franc-Maçonnerie est incontestablement un outil de formation ou de transformation intérieure positive, une véritable École de Vie.

Symboliquement, il s'agit d'extraire la pierre brute, la tailler pour en faire une pierre polie servant à construire un monde meilleur et à se construire soi-même.

Et, que n'a-t-on écrit et devisé au sujet du « Grand Architecte de l'Univers » ! On peut, éventuellement, envisager cet *élément* comme un symbole qui s'adresse à l'Initié, et qui ne représente certainement pas un dogme. Un symbole qui se rattache à la Tradition initiatique, celle de l'Homme universel contenant en lui tout l'Univers.

On peut, également, ne pas s'en soucier : *« Maçon libre dans une Loge libre »* n'est pas une vaine citation.

Ce qui est indéniable, immuable et universel, c'est qu'il existe une Franc-Maçonnerie primordiale et traditionnelle et un Ordre initiatique fondamental avec lesquels la Franc-Maçonnerie dite moderne *compose* afin de poursuivre et célébrer la quête d'une spiritualité humaniste.

Une spiritualité humaniste dirigée vers la Société et qui est à son écoute, comme le prouvent de nombreuses citations reprises dans le présent ouvrage.

Fraternelle lecture à tous, profanes et initiés.

Pierre Guelff.

JANVIER

1er janvier

Composé de Francs-Maçons des deux sexes, fraternellement unis, sans distinction de races, philosophies, religions, l'Ordre s'impose, pour atteindre ce but, une méthode rituelle et symbolique, grâce à laquelle ses membres édifient leur Temple à la perfection et à la gloire de l'Humanité.

Article 2 du Droit Humain.

Un peuple habitué depuis longtemps à un régime dur perd par degrés la notion même de liberté.

Celui qui ferait pousser deux épis de blé ou deux brins d'herbe sur un coin de sol qui n'en nourrissait qu'un seul, celui-là aurait mérité bien mieux de l'humanité et aurait rendu un service plus grand à son pays que toute l'engeance des politiciens mis ensemble.

Jonathan Swift.

✍Faits importants du jour

....

....

....

....

2 janvier

Il y a bien moins de difficulté à résoudre un problème qu'à le poser.

Joseph de Maistre.

Les raisons d'agir sont comme les rouages d'une machine. Plus il y en a, plus la machine est fragile.

Gotthold Lessing.

✍Faits importants du jour

....

....

....

....

3 janvier

Bien savoir et bien faire une seule chose procure un plus haut développement, que d'en faire à demi une centaine.

Au fond, nous sommes tous des êtres collectifs. Tous nous devons recevoir et apprendre autant de ceux qui étaient avant nous que de nos contemporains.

Johan Wolfgang von Goethe.

✍Faits importants du jour

....

....

....

....

4 janvier

Il faut savoir aller solitaire sur la grand-route…

Il faut donner sa fraternité à tous et ne demander celle de personne.

Sur le tombeau de Maître Hiram.

Celui qui ne se sent pas offensé par l'offense faite à d'autres hommes, celui qui ne ressent pas sur sa joue la brûlure du soufflet appliqué sur une autre joue, quelle qu'en soit la couleur, n'est pas digne du nom d'homme.

José Marti.

✍Faits importants du jour

....

....

....

....

5 janvier

Ce que tu fais te fait.

Maître d'Œuvre.

Les passions de l'homme ne sont que des moyens que la nature emploie pour parvenir à ses desseins.

(de) Sade.

✍Faits importants du jour

....

....

....

....

6 janvier

La Maçonnerie ouvre la voie à l'Initiation – c'est-à-dire à la Connaissance – et ses symboles donnent au Maçon la possibilité d'y accéder.

Jules Boucher.

L'autorité d'un seul, c'est un crime.

Louise Michel.

✍Faits importants du jour

....

....

....

....

7 janvier

La Franc-Maçonnerie est un courant d'idées que l'on peut appeler « humaniste » parce qu'il prend l'homme et le bonheur de tous comme une fin en soi et la tolérance comme premier moyen de perfectionnement individuel.

Philippe du Bouleau.

Celui qui est maître de soi peut étouffer un chagrin aussi aisément qu'inventer un plaisir.

Oscar Wilde.

✍Faits importants du jour

....

....

....

....

8 janvier

Il n'y a plus guère dans le monde occidental, comme organisations initiatiques pouvant revendiquer une filiation traditionnelle authentique que le Compagnonnage et la Franc-Maçonnerie.

René Guénon.

✍Faits importants du jour

....

....

....

....

9 janvier

Conduis-moi des ténèbres à la Lumière.

Enseignement hindou au grade d'Apprenti.

✍Faits importants du jour

....

....

....

....

10 janvier

Conduis-moi de l'irréel au réel.

Enseignement hindou au grade de Compagnon.

✍Faits importants du jour

....

....

....

....

11 janvier

Conduis-moi de la mort à l'immortalité.
Enseignement hindou au grade de Maître.

✍Faits importants du jour

....

....

....

....

12 janvier

Dieu Architecte : Celui qui de son compas marqua les limites du monde et régla au-dedans tout ce qui se voit et tout ce qui est caché.
Dante.

Il suffit d'un lexique pour contenir tous les mots. Mais à la pensée, il faut l'infini.
Alexandre Pouchkine.

✍Faits importants du jour

....

....

....

....

13 janvier

Même le profane a des lieux exceptionnels, donc est sensible à une réalité transfigurée.

Mircea Eliade.

Peu d'hommes, si vertueux soient-ils, résistent au plus offrant.

George Washington.

✍Faits importants du jour

....

....

....

....

14 janvier

Au lieu de mettre en joue quelque vague ennemi, mieux vaut attendre un peu qu'on le change en ami.

Georges Brassens.

✍Faits importants du jour

....

....

....

....

15 janvier

Aime les bons, plains les faibles, fuis les méchants, mais ne hais personne.

Précepte.

✍Faits importants du jour

....

....

....

....

16 janvier

1 – Faut-il nous quitter sans espoir,
Sans espoir de retour,
Faut-il nous quitter sans espoir
De nous revoir un jour

(Refrain) :
Ce n'est qu'un au revoir, mes Frères,
Ce n'est qu'un au revoir
Oui, nous nous reverrons, mes Frères,
Ce n'est qu'un au revoir

2 – Formons de nos mains qui s'enlacent
Au déclin de ce jour,
Formons de nos mains qui s'enlacent
Une chaîne d'amour.

3 – Unis par cette douce chaîne
Tous, en ce même lieu,
Unis par cette douce chaîne
Ne faisons point d'adieu.

4 – Car Dieu qui nous voit tous ensemble
Et qui va nous bénir,
Car Dieu qui nous voit tous ensemble
Saura nous réunir.

Ou

4 – Car l'idéal qui nous rassemble
Vivra dans l'avenir
Car l'idéal qui nous rassemble
Saura nous réunir.

« Chant des adieux », adaptation française d'un chant écossais de Robert Burns « Auld lang syne » (1788).

✍Faits importants du jour

....

....

....

....

17 janvier

Le secret maçonnique ? C'est comme vouloir expliquer les joies de la maternité à une vieille fille. La Franc-Maçonnerie est donc comme une maternité : elle doit être vécue pour être comprise.

M. Tydeman.

✍Faits importants du jour

....

....

....

....

18 janvier

Dis la vérité, pratique la justice, pense avec droiture

Précepte.

✍Faits importants du jour

....

....

....

....

19 janvier

La Franc-Maçonnerie est, en Occident, une organisation fondée sur une filiation réelle. Elle partage ce privilège avec le Compagnonnage, avec lequel elle a des liens de parenté.

Daniel Beresniak.

✍Faits importants du jour

....

....

....

....

20 janvier

Donner une forme à la matière naturelle, c'est créer, et la création, à quelque niveau qu'elle se situe, entraîne la coopération de l'homme tout entier. « L'ouvrage ouvrier » serait-il l'agent du développement de la pensée ?

Association Ouvrière des Compagnons du Devoir.

✍Faits importants du jour

....

....

....

....

21 janvier

L'Équerre symbolise l'équilibre résultant de l'union de l'actif et du passif.

Oswald Wirth.

✍Faits importants du jour

....

....

....

....

22 janvier

Si tu rougis de ton état, c'est orgueil ; songe que ce n'est point la fonction qui honore ou dégrade l'homme, mais la manière dont il la remplit.

Précepte.

Mon espoir, c'est que les hommes garderont dans leur cœur le souvenir de l'événement – *les premiers pas sur la Lune, le 21 juillet 1969* – que nous avons vécu (...), car l'homme a besoin de relever des défis, d'accomplir une telle quête.

Edwin Aldrin.

✍Faits importants du jour

....

....

....

....

23 janvier

Mesurez vous-même vos actions avec le compas de la Raison ; dirigez vos pas d'après la règle et le compas de la Conscience ; posez les bases d'après le niveau de l'Expérience et édifiez votre construction d'après la perpendiculaire de la Beauté.

Paroles à Mozart lors de son initiation en Franc-Maçonnerie.

✍Faits importants du jour

....

....

....

....

24 janvier

Dieu, Grand-Esprit, Grand Architecte de l'Univers, Wakan Tanka, créateur, seigneur, Grand-Pouvoir-mystérieux, sont finalement des synonymes de cet « esprit indéterminé » qui représente toute la puissance sacrée, toutes les potentialités portées par l'être humain. L'essence de ce principe sacré est souchée sur la conscience même de l'individu.

Jean-Pierre Bayard.

✍Faits importants du jour

....

....

....

....

25 janvier

Qui est celui qui est libre dans cet enfer qu'on appelle le monde ? Personne. (…) Savoir est pire qu'ignorer.

Quel est l'homme auquel le besoin ne fasse faire des bassesses ?

Casanova.

✍Faits importants du jour

....

....

....

....

26 janvier

Un mot, un geste m'en ont quelquefois plus appris que le bavardage de toute une ville.

Sais-tu qui sont les mauvais pères ? Ce sont ceux qui ont oublié les fautes de leur jeunesse.

Denis Diderot.

✍Faits importants du jour

....

....

....

....

27 janvier

Quand bien même l'immortalité de l'âme serait une erreur, je serais très fâché de ne pas la croire. Je ne sais comment pensent les athées. (J'avoue que je ne suis point si humble que les athées.) Mais, pour moi, je ne veux point troquer (et je n'irai point troquer) l'idée de mon immortalité contre celle de la béatitude d'un jour. Je suis très charmé de me croire immortel comme Dieu même. Indépendamment des vérités révélées, des idées métaphysiques me donnent une très forte espérance de mon bonheur éternel, à laquelle je ne voudrais pas renoncer.

(de) Montesquieu.

✍Faits importants du jour

....

....

....

....

28 janvier

Le silence des peuples est la leçon des rois !

(de) Mirabeau.

✍Faits importants du jour

....

....

....

....

29 janvier

Plus on plaît généralement, moins on plaît profondément.

Stendhal.

✍Faits importants du jour

....

....

....

....

30 janvier

À la sagacité de l'esprit appartient la finesse ; à la sagacité de l'âme appartient la délicatesse des sentiments et de l'expression.

Jean-François Marmontel.

✍Faits importants du jour

....

....

....

....

31 janvier

Les livres nous donnent l'occasion de découvrir que nos idées si originales ne l'étaient pas tant que ça.

Si l'esclavage n'est pas mauvais, rien n'est mauvais.

Ce que je veux savoir avant tout, ce n'est pas si vous avez échoué, mais si vous avez pu accepter votre échec.

Abraham Lincoln.

✍Faits importants du jour

....

....

....

....

FÉVRIER

1er février

N'admettre rien *a priori* si vous pouvez le vérifier.

Il n'y a pas de plaisir comparable à celui de rencontrer un vieil ami, excepté peut-être celui d'en faire un nouveau.
Rudyard Kipling.

Les sots donnent des festins, les sages s'y nourrissent.

L'expérience est une école où les leçons coûtent cher, mais les sots ne s'instruisent que là.
Benjamin Franklin.

✍Faits importants du jour

....

....

....

....

2 février

La recherche de la vérité par la juste compréhension des idées et l'acceptation de leur partage dans la différence sont à la base d'un travail personnel qui favorise l'élévation des esprits dans le cadre d'un échange courtois propre au sentiment de fraternité.

Acquérir cette liberté intérieure, c'est aussi éveiller sa conscience et acquérir le sens de la responsabilité.

La quête du Franc-Maçon, soucieux de bâtir sa vie sur les bases de la dignité humaine, s'inscrit alors dans le processus d'une initiation individuelle répondant au principe socratique du « Connais-toi toi-même... »

Grande Loge Unie de France.

✍Faits importants du jour

....

....

....

....

3 février

La croix a, comme tout symbole, des sens multiples.

René Guénon.

✍Faits importants du jour

....

....

....

....

4 février

Demander au législateur de mettre un terme à la hideuse exploitation du pauvre par le riche, c'est faire acte de patriotisme, d'humanité.

François Arago.

Le sage ne peut pas dire ce qu'il vaut mieux taire.

Gotthold Lessing.

✍Faits importants du jour

....

....

....

....

5 février

Nous avons juste assez de religion pour nous haïr, mais pas assez pour nous aimer les uns les autres.

Jonathan Swift.

Lorsque la mort a égalisé les fortunes, une pompe funèbre ne devrait pas les différencier.

(de) Montesquieu.

✍Faits importants du jour

....

....

....

....

6 février

Les fausses opinions ressemblent à la fausse monnaie qui est frappée d'abord par de grands coupables, et dépensée ensuite par d'honnêtes gens qui perpétuent le crime sans savoir ce qu'ils font.
Joseph de Maistre.

✍Faits importants du jour
....
....
....
....

7 février

Tous les hommes sont mes frères, tous les pays me sont chers.
Joseph Cagliostro.

Un grain de poésie suffit à parfumer tout un siècle.
José Marti.

✍Faits importants du jour
....
....
....
....

8 février

Si l'on doit aimer son prochain comme soi-même, il est au moins aussi juste de s'aimer comme son prochain.

Nicolas Chamfort.

✍Faits importants du jour

....

....

....

....

9 février

Le Niveau est le symbole de l'égalité originelle, mais il n'implique en aucun sens le « nivellement » des valeurs, il nous rappelle qu'il faut considérer toutes choses avec une égale sérénité.

Edouard Plantagenet.

✍Faits importants du jour

....

....

....

....

10 février

La Règle est le symbole de la rectitude, de la méthode, de la loi. Elle est surtout un symbole de la

Moralité et du Devoir dont le Franc-Maçon ne doit jamais s'écarter.

Amélie-André Gédalge.

✍Faits importants du jour

....

....

....

....

11 février

Comme le Ciseau, le Levier est l'outil intermédiaire, médiateur qui ne peut accomplir sans un contrôle rigoureux et précis apporté par la Règle, le Niveau et l'Équerre.

Alain Desgris.

La Truelle est le symbole d'amour fraternel qui doit unir tous les Maçons et qui est le seul ciment que les ouvriers peuvent employer pour l'édification du Temple.

Edouard Plantagenet.

✍Faits importants du jour

....

....

....

....

12 février

La République doit se construire sans cesse, car nous la concevons éternellement révolutionnaire, à l'encontre de l'inégalité, de l'oppression, de la misère, de la routine, des préjugés, éternellement inachevée tant qu'il reste des progrès à accomplir.

Pierre Mendès France.

✍Faits importants du jour

....

....

....

....

13 février

À l'égard des personnes qu'un zèle, quoique mal entendu, pourra indisposer contre moi, j'en respecterai la cause sans en craindre et sans en approuver l'effet.

Jean Le Rond d'Alembert.

✍Faits importants du jour

....

....

....

....

14 février

La joie de vivre contient tout : la pureté, la beauté, la bonté. Elle est l'expression d'une dynamique de l'existence et de la sagesse conquise. Elle est le fruit de la plus noble et de la plus ardente obligation de l'être vis-à-vis de lui-même : aimer.

Michel Baroin.

Si le plaisir existe, et si on peut en jouir qu'en vie, la vie est donc un bonheur.

Si les plaisirs sont passagers, les peines le sont aussi.

Casanova.

✍Faits importants du jour

....

....

....

....

15 février

Il ne peut y avoir de liberté que si l'homme est son propre maître.

Les forces sociales doivent être égales, afin d'être équilibrées, de façon que les unes n'écrasent pas les autres et que l'égalité individuelle, c'est-à-dire la liberté individuelle, soit préservée.

Pierre Joseph Proudhon.

✍Faits importants du jour

....

....

....

....

16 février

Selon l'éternelle parole d'Hermès Trismégiste, le trois fois Maître : « Ce qui est en bas est comme ce qui est en haut », notre Loge définit sa démarche sur l'ensemble des déclinaisons de la vie, manifestée ou non. À cet égard, elle est soucieuse de l'évolution des collectivités humaines dans le monde et de ses correspondances symboliques, témoignées par les grandes traditions.

Grande Loge Symbolique de France.

✍Faits importants du jour

....

....

....

....

17 février

Les hypocrites, comme les abeilles, ont le miel à la bouche et l'aiguillon caché.

Jacques Delille.

Il voyage plus vite celui qui voyage seul.

Rudyard Kipling.

✍Faits importants du jour

....

....

....

....

18 février

La vertu a bien des prédicateurs et peu de martyrs.
Claude Adrien Helvétius.

✍Faits importants du jour

....

....

....

....

19 février

Les gens bien élevés contredisent les autres. Les sages se contredisent eux-mêmes.
Oscar Wilde.

✍Faits importants du jour

....

....

....

....

20 février

Si les plaisirs sont passagers, les peines le sont aussi.
(cfr. p.36 : Casanova).

Ce que tu as reçu de tes ancêtres, acquiers-le pour le posséder.
Johan Wolfgang von Goethe.

✍Faits importants du jour

....

....

....

....

21 février

La roche tarpéienne est près du Capitole.
(de) Mirabeau.

✍Faits importants du jour

....

....

....

....

22 février

Les Francs-Maçons sont des constructeurs. D'où la nécessité de l'apprentissage, d'où la nécessité de l'épreuve.

La Franc-Maçonnerie témoigne que l'on peut vivre sa vie dans une activité saine et fructueuse et ceci par un altruisme qui libère de ses entraves.

Grande Loge Française de Memphis-Misraïm.

✍Faits importants du jour

....

....

....

....

23 février

L'initiation constitue un des phénomènes spirituels les plus significatifs de l'histoire de l'humanité.

Mircea Eliade.

✍Faits importants du jour

....

....

....

....

24 février

L'initiation véritable est Une dans le temps, dans l'espace, dans les rites, bien que les mœurs sociales ou ethniques de ceux qui la pratiquent soient différentes. L'Initiation Maçonnique rend tangible cette Unité de la Connaissance à travers les sectes et les rites.

Jules Boucher.

✍Faits importants du jour

....

....

....

....

📖 25 février

La Tradition possède en elle la vérité ; elle est présence constante et éternel mouvement ; elle est l'origine et le devenir, principe ultime et perfection finale.

Jean-Pierre Bayard.

✍Faits importants du jour

....

....

....

....

📖 26 février

Le ciel peut seul faire les dévots ; les princes font les hypocrites.

(de) Montesquieu.

Le Franc-Maçon est un ouvrier intelligent de la transmutation universelle du mal en bien.

Oswald Wirth.

✍Faits importants du jour

....

....

....

....

27 février

La réalité spirituelle offre à quiconque recherche l'initiation la possibilité de participer « en esprit et en vérité », à la construction du temple.

Jean Delaporte.

✍Faits importants du jour

....

....

....

....

28 février

Le Droit Humain est né de l'affirmation que les Femmes et les Hommes doivent s'émanciper ensemble et vivre cette émancipation dans la mixité. C'est l'idée de l'égalité de droit des Femmes et des Hommes devant l'initiation maçonnique comme dans la société.

Michel Payen.

✍Faits importants du jour

....

....

....

....

(29 février)

Lorsqu'un vrai génie apparaît dans le monde, vous le reconnaissez à ce signe que tous les sots sont ligués contre lui.

Jonathan Swift.

✍Faits importants du jour

....

....

....

....

MARS

1er mars (début de l'année maçonnique)

Si tu diffères de moi, frère, loin de me léser, tu m'enrichis.

Antoine de Saint-Exupéry.

Une doctrine, quelle qu'elle soit, politique, religieuse ou sociale, ne se produit jamais sans trouver plus de contradicteurs que d'adeptes, et ne recrute quelques soldats qu'après avoir fait beaucoup de martyrs.

Louis Blanc.

✍Faits importants du jour

....

....

....

....

2 mars

Nous avons trop cultivé une espèce de goût du secret mal gardé. Et nous avons laissé se développer des légendes qui finalement nous desservent.

Jacques Lafouge.

✍Faits importants du jour

....

....

....

....

3 mars

Il ne s'agit pas de banaliser la Maçonnerie mais de lui donner plus de visibilité. Quand elle est acceptée pleinement par la démocratie, elle se doit d'être claire sur ses mobiles.

Henri Bartholomeeusen.

✍Faits importants du jour

....

....

....

....

4 mars

Le sacré n'implique pas la croyance en Dieu ou en des esprits, c'est l'expérience d'une réalité et la source de la conscience d'exister dans le monde.

Mircea Eliade.

La tradition dont la Franc-Maçonnerie est porteuse, donne un sens à notre présent et une espérance à notre futur.

Jean-François Maury.

✍Faits importants du jour

....

....

....

....

5 mars

Si tu peux voir détruit l'ouvrage de ta vie
Et sans dire un seul mot te mettre à rebâtir,
Ou perdre en un seul coup le gain de cent parties
Sans un geste et sans un soupir ;
Si tu peux être amant sans être fou d'amour,
Si tu peux être fort sans cesser d'être tendre,
Et, te sentant haï, sans haïr à ton tour,
Pourtant lutter et te défendre ;

Si tu peux supporter d'entendre tes paroles
Travesties par des gueux pour exciter des sots,
Et d'entendre mentir sur toi leurs bouches folles
Sans mentir toi-même d'un mot ;
Si tu peux rester digne en étant populaire,
Si tu peux rester peuple en conseillant les rois,
Et si tu peux aimer tous tes amis en frères,
Sans qu'aucun d'eux soit tout pour toi ;

Si tu sais méditer, observer et connaître,
Sans jamais devenir sceptique ou destructeur ;
Rêver, mais sans laisser ton rêve être ton maître,
Penser sans n'être que penseur ;
Si tu sais être dur, sans jamais être en rage,
Si tu sais être brave et jamais imprudent,
Si tu sais être bon, si tu sais être sage,
Sans être moral et pédant ;

Si tu peux rencontrer Triomphe après Défaite
Et recevoir ces deux menteurs d'un même front,
Si tu peux conserver ton courage et ta tête
Quand tous les autres les perdront,
Alors les Rois, les Dieux, la Chance et la Victoire
Seront à tout jamais tes esclaves soumis,
Et, ce qui vaut bien mieux que les Rois et la Gloire,
Tu seras un homme mon fils !
« Si » de Kipling.

✍Faits importants du jour
....
....
....
....

6 mars

Réjouis-toi dans la justice ; courrouce-toi contre l'iniquité. Souffre sans te plaindre.
Précepte.

✍Faits importants du jour
....
....
....
....

7 mars

La mystique maçonnique est une mystique de type messianique, c'est-à-dire une mystique du progrès.

Philippe du Bouleau.

✍Faits importants du jour

....

....

....

....

8 mars

L'égalité existe d'homme à homme, non d'homme à femme. Or, qui oserait dire que la mission de la femme est moins grande, moins utile que celle de l'homme ?

Marie Bonnevial.

La femme a cru trop longtemps que la beauté, le charme, la séduction, suffiraient à lui donner une place convenable dans la société, mais l'expérience des siècles et son asservissement continu lui ont fait prendre conscience qu'une autre forme d'action était nécessaire.

Maria Deraismes.

✍Faits importants du jour

....

....

....

....

9 mars

La bouche obéit mal lorsque le cœur murmure.
Voltaire.

Si tu tiens aux distinctions humaines, sors, on n'en connaît point ici !
Instruction au profane appelé à être initié.

✍Faits importants du jour

....

....

....

....

10 mars

La Franc-Maçonnerie, institution essentiellement philanthropique, philosophique et progressive, a pour objet la recherche de la vérité, l'étude de la morale et la pratique de la solidarité. Elle travaille à l'amélioration matérielle et morale, au perfectionnement intellectuel et social de l'humanité.
Article Premier de la Constitution du Grand Orient de France.

✍Faits importants du jour

....

....

....

....

11 mars

La Franc-Maçonnerie a pour principe la tolérance mutuelle, le respect des autres et de soi-même, la liberté absolue de conscience. Considérant les conceptions métaphysiques comme étant du domaine exclusif de l'appréciation individuelle de ses membres, elle se refuse à toute affirmation dogmatique.

Suite de l'Article Premier de la Constitution du Grand Orient de France.

✍Faits importants du jour

....

....

....

....

12 mars

Mes frères, nous ne sommes peut-être pas du même sang, mais bien du même compagnonnage, qui a pour racine le mot « compagnie ».

Michel Poirault.

✍Faits importants du jour

....

....

....

....

13 mars

Je ne peux pas changer le monde… alors, j'essaie d'éviter les injustices et les malentendus qui le gouvernent.

Hugo Pratt.

✍Faits importants du jour

....

....

....

....

14 mars

La Franc-Maçonnerie, héritière des plus antiques traditions, de la cosmogonie, des mystères repris au Moyen Âge, est une société de pensée qui a toujours eu une répercussion sur le milieu environnant.

Jean-Pierre Bayard.

✍Faits importants du jour

....

....

....

....

15 mars

Il n'y a pas de meilleur placement pour un pays que de mettre du lait dans des enfants.

Winston Churchill.

✍Faits importants du jour

....

....

....

....

16 mars

Les cercles de pierre, labyrinthes primitifs, sont parmi les premières traces laissées par nos ancêtres humains. Le Labyrinthe est devenu aujourd'hui l'un des symboles universels de l'initiation, du cheminement vers la lumière.

Loge « Le Labyrinthe » au Grand Orient de Suisse.

✍Faits importants du jour

....

....

....

....

17 mars

Pour qui le veut le Coran
Pour qui le veut la Torah
Pour tel autre l'Évangile
Pour qui le veut mosquée où prier son Seigneur
Pour qui le veut synagogue
Pour qui le veut cloche ou crucifix
Pour qui le veut Kaaba dont on baise pieusement la pierre

Pour qui le veut les images
Pour qui le veut les idoles
Pour qui le veut retraite ou vie solitaire
Pour qui le veut guinguette où lutiner la biche.
Abd-el-Kader.

✍Faits importants du jour
....
....
....
....

18 mars

La Franc-Maçonnerie mixte est avant tout initiatique.

Originalité et modernité sont deux caractéristiques de notre Ordre, qui permettent de promouvoir nos valeurs humaines.
Michel Payen.

✍Faits importants du jour
....
....
....
....

19 mars

Le chemin le plus droit est celui de la civilisation.
Mustapha Atatürk.

On ne peut pas tuer l'idée à coups de canon ni lui mettre des menottes.

Louise Michel.

✍Faits importants du jour

....

....

....

....

20 mars

La Franc-Maçonnerie a un avenir si elle parvient à rebâtir un projet face à toutes les détresses, angoisses et tous les défis de notre temps. Un projet global, vivant et authentique, comme elle a su le faire partager à tous par le passé.

Alain Bauer.

✍Faits importants du jour

....

....

....

....

21 mars

Étant lui-même un symbole, le Grand Architecte de l'Univers ne peut être réduit à un objet de croyance, d'autant plus que sa réalité spirituelle transcende les croyances.

Jean Delaporte.

✍Faits importants du jour

....

....

....

....

22 mars

Nu, du ciel, je suis descendu. Et nu je suis sous cette pierre. Donc, pour avoir vécu sur terre, je n'ai ni gagné ni perdu.

(d') Eon.

✍Faits importants du jour

....

....

....

....

23 mars

Si les triangles faisaient un Dieu, ils lui donneraient trois côtés.

(de) Montesquieu.

✍Faits importants du jour

....

....

....

....

24 mars

L'initiation consiste à nous préparer aux angoisses qui nous attendent, en les jouant, comme dans un psychodrame. Nous retrouvons, dans les épreuves, nos propres peurs, nos propres angoisses, même si nous n'avons pas toujours conscience que nous en souffrons.

S., L.

✍Faits importants du jour

....

....

....

....

25 mars

Le secret est un ensemble ouvert limité à la vérité elle-même infinie ; le secret ne peut donc être circonscrit par des mots, des paroles et des actions puisqu'il est intrinsèquement insaisissable.

Alain Desgris.

✍Faits importants du jour

....

....

....

....

26 mars

En symbolique maçonnique, la Truelle est assimilée à la « bienveillance envers tous ». C'est un instrument qui sert à gâcher le mortier destiné, en cimentant les pierres de l'édifice, à en réaliser l'unité. La Truelle réunit, fusionne, unifie. C'est donc essentiellement l'emblème des sentiments de bienveillance éclairée, de fraternité universelle et de très large tolérance qui distinguent le véritable Maçon.

Oswald Wirth.

✍Faits importants du jour

....

....

....

....

27 mars

Le bonheur n'est pas le droit de chacun, c'est un combat de tous les jours.

Orson Welles.

✍Faits importants du jour

....

....

....

....

28 mars

Le secret de la Franc-Maçonnerie est inviolable par sa propre nature puisque le Maçon qui le sait, ne le sait que pour l'avoir deviné. Il ne l'a appris de personne, il l'a découvert à force d'aller en Loge, de réfléchir, de raisonner, d'observer, de comparer, de déduire. Il ne le confie pas à son meilleur ami en Maçonnerie, car il sait que, s'il ne l'a pas deviné comme lui, il n'aura pas le talent d'en tirer parti dès qu'il le lui aura dit à l'oreille. Il se tait, et ce secret est toujours secret.

Casanova.

✍Faits importants du jour

....

....

....

....

29 mars

Je crois que si le mensonge peut servir un moment, il est nécessairement nuisible à la longue, et qu'au contraire la vérité sert nécessairement à la longue bien qu'il puisse arriver qu'elle nuise dans le moment. D'où je serai tenté de conclure que l'homme de génie qui décrie une erreur générale, ou qui accrédite une grande vérité, est toujours un être digne de notre vénération.

Si tout ici-bas était excellent, il n'y aurait rien d'excellent.

Denis Diderot.

✍Faits importants du jour

....

....

....

....

30 mars

Dans nos Loges, nous pratiquons différents rites où chacun trouve son chemin en fonction de sa sensibilité. Voilà pourquoi la Franc-Maçonnerie Régulière de tradition est moderne. Il lui faut un cadre, une morale, une rigueur, une éthique.

Jean-Charles Foellner.

✍Faits importants du jour

....

....

....

....

31 mars

Un plébiscite, ça se combat.

Pierre Mendès France.

✍Faits importants du jour

....

....

....

....

AVRIL

1er avril

Rien ne prédispose davantage à l'aspect pensif que l'absence totale de pensée.

Le rire désarme, ne l'oublions pas.
Pierre Dac.

Ceux qui cherchent des causes métaphysiques au rire ne sont pas gais.
Voltaire.

✍Faits importants du jour

....

....

....

....

2 avril

Nous n'avons à exiger aucun credo déterminé, obligeant à l'acceptation d'une conception théologique nécessairement discutable. N'érigeons pas le Grand Architecte de l'Univers en un objet de croyance, mais voyons-y le symbole le plus important de la

Maçonnerie, symbole à étudier comme les autres, afin de comprendre la Maçonnerie et de construire, chacun pour soi, le sanctuaire de ses convictions personnelles.
Oswald Wirth.

✍Faits importants du jour
....
....
....
....

3 avril

Quand bien même il n'y aurait pas de Dieu, nous devrions aimer toujours la justice, c'est-à-dire nos efforts pour ressembler à cet être dont nous avons une si belle idée, et qui, s'il existait, serait incessamment juste. Libres que nous serions du joug de la religion, nous ne devrions pas l'être de celui de l'équité.
(de) Montesquieu.

✍Faits importants du jour
....
....
....
....

4 avril

La Tradition n'est ni un système, ni une doctrine. Elle est le fil d'Ariane permettant aux vérités de se véhiculer jusqu'à nous.
Jean-Pierre Bayard.

✍Faits importants du jour

....

....

....

....

📖5 avril

Le Temple maçonnique est un symbole et rien de plus, mais un symbole d'une ampleur magnifique : celui du Temple idéal à jamais inachevé, dont chaque Franc-Maçon est une Pierre, préparée « sans hache ni marteau », dans le silence de la méditation. (…)

Pour le Franc-Maçon, le Temple de Salomon, construit par Hiram, le Maître des Maîtres, n'est considéré ni dans sa réalité historique, ni dans son acception religieuse judaïque, mais seulement dans sa signification ésotérique si profonde et si belle.

Jules Boucher.

✍Faits importants du jour

....

....

....

....

6 avril

C'est par la sagesse et mon travail que j'ai gagné mon « secret ». Agissez comme moi et vous l'obtiendrez à votre tour.

Maître Hiram aux deux Compagnons qui veulent lui arracher le mot de passe des Maîtres.

✍Faits importants du jour

....

....

....

....

7 avril

Être fidèle à la Tradition n'empêche nullement de se tourner en confiance vers l'avenir : « Connaître le passé nous aide à comprendre le présent et à envisager l'avenir. »

G.P.

Le droit doit-il s'arrêter où le devoir commence ?

Pierre Dac.

✍Faits importants du jour

....

....

....

....

8 avril

Les hommes compatissent avec plaisir : mais ils n'admirent qu'à regret.

Jean-François Marmontel.

Il faut savoir choisir entre la révélation passée et la liberté future.

Mustapha Atatürk.

✍Faits importants du jour

....

....

....

....

9 avril

Les affinités templières de la Maçonnerie ne manquent pas : traditions et usages de la chevalerie, symboles et initiations procédant de l'Orient, religiosité et morale pratique, tendance au mystère, tendance à frapper l'imagination populaire par l'idée du dépôt d'un redoutable secret agrémenté par celle d'une aptitude spéciale aux amples repas et d'une gaieté diabolique. S'il est vrai que les légendes procèdent habituellement de quelque fait exact, on ne doit pas refuser toute valeur à cette singulière similitude de la physionomie que le peuple, dans tous les pays, prête aux Francs-Maçons et de celle que l'histoire a faite aux templiers.

Pierre Tempels.

✍Faits importants du jour

....

....

....

....

10 avril

Un passant interroge trois apprentis tailleurs de pierre qui, au Moyen Age, œuvrent à l'érection d'une cathédrale :

– Que faites-vous ?, demande-t-il au premier.
– Je gagne mon pain.
– Et vous ?, interroge-t-il le deuxième.
– Je taille une pierre.
– Je construis un édifice sacré, déclare le troisième.

Il paraît évident que le troisième se situe à un niveau de conscience supérieur aux deux premiers et est aussi certainement le plus heureux.

Daniel Beresniak.

✍Faits importants du jour

....

....

....

....

11 avril

Si ton âme a senti l'effroi, ne va pas plus loin !
Instruction au profane appelé à être initié.

Les valeurs fondatrices de la Maçonnerie doivent nous servir de rempart à toute exclusion de l'Autre.
Gilles Grandjean.

✍Faits importants du jour

....

....

....

....

12 avril

La liberté est une plante qui croît vite, une fois qu'elle a pris racine.
George Washington.

La nécessité donne de l'industrie, et souvent les inventions les plus utiles ont été dues aux hommes les plus misérables.
Jacques Bernardin de Saint-Pierre.

✍Faits importants du jour

....

....

....

....

13 avril

Notre démarche initiatique propose une aventure exceptionnelle qui s'appuie sur des valeurs de progression intellectuelle, éthique et spirituelle.

Alain Graesel.

✍Faits importants du jour

....

....

....

....

14 avril

Lorsque j'aurai rejoint l'Être Suprême, je veillerai sur vous et je veux que le baiser que je vous donne, vous le donniez toujours aux Compagnons que vous ferez, comme venant de votre père ; ils le transmettront de même à ceux qu'ils feront…

Maître Jacques (Compagnonnage).

✍Faits importants du jour

....

....

....

....

15 avril

En tant que membres d'une association humaniste, nous ne pouvons accepter les atteintes à la dignité de la personne humaine d'où qu'elles viennent, quelles que soient leurs justifications.

En tant que groupe féminin, nous veillons plus particulièrement à la défense des femmes et des enfants ; aussi voulons-nous œuvrer avec la plus grande énergie pour faire respecter leurs droits, garantir leur sécurité, leur intégrité physique et morale, leur liberté.

Yvette Nicolas.

✍Faits importants du jour

....

....

....

....

16 avril

Les hommes sont comme les pommes, quand on les entasse, ils pourrissent.

(de) Mirabeau.

L'expérience est le nom que chacun donne à ses erreurs.

Oscar Wilde.

✍Faits importants du jour

....

....

....

....

17 avril

Celui qui veut faire un emploi sérieux de la vie doit toujours agir comme s'il avait à vivre longuement et se régler comme s'il lui fallait mourir prochainement.

Émile Littré.

✍Faits importants du jour

....

....

....

....

18 avril

L'esclavage est l'assassinat de l'homme.

Pierre Joseph Proudhon.

✍Faits importants du jour

....

....

....

....

19 avril

Maintenir une Maçonnerie Traditionnelle, Spiritualiste et Humaniste peut s'avérer être un défi dans notre monde matérialiste dominé par les puissances financières et médiatiques.

Grande Loge Traditionnelle et Symbolique Opéra.

✍Faits importants du jour

....

....

....

....

20 avril

Comme le Non-Être, ou le non-manifesté, comprend ou enveloppe l'Être, ou le principe de la manifestation, le silence comporte en lui-même le principe de la parole.

René Guénon.

Ne dis pas que tu veux donner : donne. Jamais tu ne satisferas une attente.

Johan Wolfgang von Goethe.

✍Faits importants du jour

....

....

....

....

21 avril

« Que pouvais-je faire d'autre ? » C'est là le soubassement de toute construction.

On apprend plus par ce que les gens disent entre eux ou par ce qu'ils sous-entendent, qu'on pourrait le faire en posant bien des questions.

Rudyard Kipling.

✍Faits importants du jour

....

....

....

....

22 avril

Ce qui compte dans l'effort, c'est avant tout l'action plutôt que le résultat.

Ludwig van Beethoven.

Au début mes œuvres seront dénigrées, plus tard elles seront surestimées.

Jean Sibelius.

✍Faits importants du jour

....

....

....

....

23 avril

Les paroles d'un poète sont déjà ses actions.

« J'achèterai tout » a dit l'or, « Je prendrai tout » a dit l'épée.

Alexandre Pouchkine.

✍Faits importants du jour

....

....

....

....

24 avril

Notre démarche repose sur trois grands principes :

– démarche spirituelle et symboliste, car la Franc-Maçonnerie est avant tout un Ordre initiatique ;

– démarche éthique, humaniste et adogmatique, car la démarche initiatique est aussi un processus d'altérité, ouverture à l'Autre ;

– démarche d'engagement dans la Cité.

Bernadette Cappello.

✍Faits importants du jour

....

....

....

....

25 avril

Faisant justice de ces théories mensongères, basées sur l'absence de la science, notre génération, abdiquant les préjugés du passé, est en train d'ouvrir une voie nouvelle à cette moitié de l'humanité *(les femmes)* asservie depuis l'origine des mondes.

Maria Deraismes.

✍Faits importants du jour

....

....

....

....

26 avril

Il y a des moments dans lesquels l'homme, même brave, ou ne l'est pas ou ne veut pas l'être.

Entre la beauté et la laideur, il n'y a souvent qu'un point presque imperceptible.

Casanova.

✍Faits importants du jour

....

....

....

....

27 avril

Si l'on n'est pas sensible, on n'est jamais sublime.

Voltaire.

✍Faits importants du jour

....

....

....

....

28 avril

La Franc-Maçonnerie est un rempart d'une valeur équilibrante, elle s'associe néanmoins à la vie active du pays, aux forces vives de l'individu.

Jean-Pierre Bayard.

✍Faits importants du jour

....

....

....

....

29 avril

La vérité est un flambeau qui luit dans le brouillard sans le dissiper.

Claude Adrien Helvétius.

✍Faits importants du jour

....

....

....

....

30 avril

La soirée n'est jamais plus belle pour moi que quand je suis content de ma matinée.

La reconnaissance est un fardeau, et tout fardeau est fait pour être secoué.

On ne peut s'intéresser qu'à ce qu'on croit vrai.

Denis Diderot.

✍Faits importants du jour

....

....

....

....

MAI

1er mai

Dans notre revendication pour la femme, nous la considérons comme personne humaine, comme membre du corps social, comme citoyenne. Et à tous ces points de vue, nous devons avoir l'appui des travailleurs car notre cause est la leur, leurs intérêts sont les nôtres.

Marie Bonnevial.

Dans le monde des bouleversements, des déséquilibres démographiques et des mutations biologiques, il apparaît que sans la solidarité des hommes entre eux, il ne peut y avoir de liberté possible.

Michel Baroin.

Faits importants du jour

....

....

....

....

📖 2 mai

Le vrai génie sans cœur est un non-sens. Car ni intelligence élevée, ni imagination, ni toutes deux ensemble, ne font le génie. Amour ! Amour ! Amour ! Voilà l'âme du génie.

Wolfgang Amadeus Mozart.

✍Faits importants du jour

....

....

....

....

📖 3 mai

Les hommes sages sont toujours vrais dans leur conduite et dans leurs discours. Ils ne disent pas tout ce qu'ils pensent, mais ils pensent tout ce qu'ils disent.

Gotthold Lessing.

✍Faits importants du jour

....

....

....

....

📖 4 mai

L'humanisme est la pierre angulaire de la Loge « Mozart et Voltaire ». Le choix des noms composant le nom de la loge n'est d'ailleurs pas innocent ; Mozart, profondément croyant, auteur d'une musique exaltant l'homme tout en étant « divine », et Voltaire, l'agnostique au sens acéré, exaltant la tolérance, c'est toute la raison d'être de cet Atelier.

Loge « Mozart et Voltaire » au Grand Orient de Suisse.

✍Faits importants du jour

....

....

....

....

5 mai

Rien ne trahit autant le caractère des gens que les choses dont ils se moquent.

Les francs-maçons doivent agiter les esprits qu'on ne peut satisfaire.

Johan Wolfgang von Goethe.

✍Faits importants du jour

....

....

....

....

6 mai

Lorsque l'homme s'habitue à voir les autres porter les chaînes de l'esclavage, c'est qu'il accepte lui-même un jour de les porter.
Abraham Lincoln.

La propriété est le vol. Ni le travail, ni l'occupation, ni la loi ne peuvent créer la propriété, car elle est un effet sans cause. La propriété n'est acceptable que dans la mesure où elle permet l'usus et non l'abusus.
Pierre Joseph Proudhon.

✍Faits importants du jour

....

....

....

....

7 mai

Il faut encourager les efforts contre la désuétude des mots dignes d'être conservés.
Émile Littré.

✍Faits importants du jour

....

....

....

....

8 mai

La grande leçon de la vie, c'est que parfois, ce sont les fous qui ont raison.
Winston Churchill.

Le grand ennemi de la paix entre les hommes, c'est l'amour-propre.
Jean-François Marmontel.

Tant que la guerre sera regardée comme néfaste, elle gardera sa fascination. Quand on la regardera comme vulgaire, sa popularité cessera.
Oscar Wilde.

✍Faits importants du jour

....
....
....
....

9 mai

Lorsque les lois d'un état ont cru devoir souffrir plusieurs religions, il faut qu'elles les obligent à se tolérer entre elles.

Une religion qui peut tolérer les autres ne songe guère à sa propagation.
(de) Montesquieu.

✍Faits importants du jour

....
....
....
....

10 mai

Il semble évident que pour des valeurs fondamentales sur lesquelles chacune et chacun ont prêté serment, quand elles sont malmenées ou remises en cause, la Maçonnerie ne peut rester insensible. De même sur l'atteinte à la liberté et à la dignité de l'Homme, le silence ne peut se faire.

Nicolas Georges.

✍Faits importants du jour

....

....

....

....

11 mai

V.I.T.R.I.O.L. : Visita Interiora Terrae, Rectificandoque, Invenies Occultum Lapidem. Visite l'intérieur de la Terre, et en rectifiant, tu trouveras la Pierre Occulte.

Formule dans le Cabinet de Réflexion.

✍Faits importants du jour

....

....

....

....

12 mai

On s'accoutume en un rien de temps à porter les coiffures les plus exorbitantes ; une couronne, par exemple.

Edmond About.

Les hommes ne veulent connaître que l'histoire des grands et des rois, qui ne sert à personne.

Jacques Bernardin de Saint-Pierre.

✍Faits importants du jour

....

....

....

....

13 mai

Le Franc-Maçon accompli éprouve plus de joie à être qu'à paraître. Plus de bonheur à donner qu'à avoir. Plus de joie à savoir qu'à avoir. Et autant à chercher qu'à trouver.

Jean-Charles Foellner.

✍Faits importants du jour

....

....

....

....

14 mai

Si tu crains d'être éclairé sur tes défauts, tu seras mal parmi nous.

Instruction au profane appelé à être initié.

Une Loge maçonnique est d'abord un chantier. On y vit un apprentissage, un compagnonnage et une maîtrise, on y découvre des outils que l'on apprend à manier, un langage symbolique que l'on apprend à parler, un plan de construction auquel on participe progressivement.

Jean Delaporte.

✍Faits importants du jour

....

....

....

....

15 mai

Notre tempérament fait toutes les qualités de notre âme.

Voltaire.

La vision est l'art de voir les choses invisibles.

Jonathan Swift.

✍Faits importants du jour

....

....

....

....

16 mai

C'est avec les pauvres que les riches se font la guerre.
Louis Blanc.

La parole n'est que le silence exprimé.
René Guénon.

✍Faits importants du jour
....
....
....
....

17 mai

Donner une âme à tout, c'est le secret des anciens.
Stendhal.

Il est bien plus difficile de se juger soi-même que de juger autrui.
Antoine de Saint-Exupéry.

✍Faits importants du jour
....
....
....
....

18 mai

Les hommes sont toujours contre la raison quand la raison est contre eux.

Claude Adrien Helvétius.

✍Faits importants du jour

....

....

....

....

19 mai

La Maçonnerie, toute vieille dame qu'elle soit, doit nous offrir : un art de vivre et une science du bonheur. Si tel n'est pas le cas, allez voir ailleurs avant de cracher sur la vieille dame, qui n'en demande pas tant…

Jean-Marie Lupart.

✍Faits importants du jour

....

....

....

....

20 mai

Ne perds pas ton temps à répéter que le monde te doit quelque chose. Le monde ne te doit rien. Il était là avant toi.

Mark Twain.

✍Faits importants du jour

....

....

....

....

21 mai

Notre espoir et notre but : une Humanité plus solidaire et plus éclairée. Aussi, nous attacherons-nous toujours à transmettre l'Initiation. C'est là notre premier devoir et notre honneur de Francs-Maçonnes.

Yvette Nicolas.

✍Faits importants du jour

....

....

....

....

22 mai

La parole n'est pas faite pour couvrir la vérité, mais pour la dire.

José Marti.

✍Faits importants du jour

....

....

....

....

23 mai

On apprend plus d'un bon savant en fureur que de vingt tâcherons lucides et laborieux.

Rudyard Kipling.

✍Faits importants du jour

....

....

....

....

24 mai

On ne parlerait guère en société si l'on se souvenait combien de fois on a été incapable de comprendre ce que disaient les autres.

On ferait beaucoup l'aumône si l'on avait des yeux pour voir le beau geste que fait la main qui reçoit.

Johan Wolfgang von Goethe.

✍Faits importants du jour

....

....

....

....

25 mai

Nous voulons des hommes capables d'évoluer sans cesse (...), des hommes dont l'indépendance intellectuelle sera la plus grande force (…), heureux du triomphe des idées nouvelles, aspirant à vivre des vies multiples en une seule vie.

Francisco Ferrer.

✍Faits importants du jour

……………………………………………………………………

……………………………………………………………………

……………………………………………………………………

……………………………………………………………………

26 mai

Aider le blessé et le faible, c'est ce qui différencie l'homme de l'animal.

Hugo Pratt.

✍Faits importants du jour

……………………………………………………………………

……………………………………………………………………

……………………………………………………………………

……………………………………………………………………

27 mai

Notre Tradition initiatique n'est pas une utopie déconnectée du réel, pas un aboutissement, un enfermement, une clôture sur le fantasme d'une perfection annoncée, programmée, absolue et de toute façon inaccessible. Elle n'est pas le terme d'un chemin, mais une volonté incessante de perfectionnement vers plus de lumière et d'intelligence de l'humain, lumière de la raison, de l'esprit et du cœur, qui permet à chacun de ceux qui en ont l'énergie et la volonté, de transformer ce qui pourrait n'être qu'un destin hasardeux et subi en un projet volontaire, assumé et partagé de construction de l'humanité en soi-même et pour soi, mais aussi avec les autres et pour les autres.

Alain Graesel.

✍Faits importants du jour

....

....

....

....

28 mai

Il existe quelqu'un de pire que le bourreau, c'est son valet.

(de) Mirabeau.

✍Faits importants du jour

....

....

....

....

29 mai

Celui qui a besoin d'un protocole n'ira jamais loin ; les génies lisent peu, pratiquent beaucoup et se font d'eux-mêmes.

Il ne faut pas toujours approuver de la même manière ; on serait monotone, on aurait l'air faux, on deviendrait insipide.

Denis Diderot.

✍Faits importants du jour

....

....

....

....

30 mai

« Hommes libres et de bonnes mœurs », comme le dit la formule maçonnique, nous nous réunissons régulièrement pour chercher, à l'aide d'outils et de symboles empruntés à l'art de la construction, la vérité.

Loge « Fraternité et Tradition » au Grand Orient de Suisse.

✍Faits importants du jour

....

....

....

....

31 mai

Le symbolisme est un langage muet qui transmet des éléments d'une mémoire collective.

Jean-Pierre Bayard.

✍Faits importants du jour

....

....

....

....

JUIN

1er juin

Jamais la nature n'est si avilie, que quand l'ignorance superstitieuse est armée du pouvoir.

Voltaire.

La liberté ne peut être que le point de départ de tout ce qui doit arriver.

Pierre Dac.

✍Faits importants du jour

....

....

....

....

2 juin

La force principale de la religion vient de ce qu'on la croit ; la force des lois humaines vient de ce qu'on les craint. L'antiquité convient à la religion, parce que souvent nous croyons plus les choses à mesure qu'elles sont plus reculées : car nous n'avons pas dans la tête des idées accessoires tirées de ces temps-là, qui puissent les contredire.

L'homme pieux et l'athée parlent toujours de religion : l'un parle de ce qu'il aime et l'autre de ce qu'il craint.

(de) Montesquieu.

✍Faits importants du jour

....

....

....

....

3 juin

Le travailleur conserve, même après avoir reçu son salaire, un droit naturel de propriété sur les choses qu'il a produites. Il s'en suit que le travailleur a droit, dans la proportion de son travail, à la participation des produits et des bénéfices.

Pierre Joseph Proudhon.

Il n'y a qu'une loi en sentiment, c'est de faire le bonheur de ce qu'on aime.

Stendhal.

✍Faits importants du jour

....

....

....

....

4 juin

À force de chercher de bonnes raisons, on en trouve ; on les dit, et après on y tient, non pas tant parce qu'elles sont bonnes que pour ne pas se démentir.
Pierre Choderlos de Laclos.

✍Faits importants du jour

....

....

....

....

5 juin

Le tact est une qualité qui consiste à peindre les autres tels qu'ils se voient.

De même que je refuse d'être un esclave, je refuse d'être un maître. Telle est mon idée de la démocratie.
Abraham Lincoln.

✍Faits importants du jour

....

....

....

....

6 juin

Le bonheur le plus doux est celui qu'on partage.
Jacques Delille.

✍Faits importants du jour

....

....

....

....

7 juin

Croyez-vous que je pense à un sacré violon quand l'Esprit me parle, et que j'écris ce qu'il me dicte ?

Ludwig van Beethoven.

✍Faits importants du jour

....

....

....

....

8 juin

N'embrassez jamais la cause d'un homme, mais toujours celle de l'humanité.

François Raspail.

✍Faits importants du jour

....

....

....

....

9 juin

J'ai pu me tromper, mais je n'ai jamais trompé personne.

Marie Joseph La Fayette.

✍Faits importants du jour

....

....

....

....

10 juin

Si la nature s'oppose *(suite à un tremblement de terre meurtrier à Caracas)* à nos desseins, nous lutterons et ferons en sorte qu'elle nous obéisse.

Simon Bolivar.

✍Faits importants du jour

....

....

....

....

11 juin

Un Franc-Maçon est un homme ou une femme qui mériterait cette définition : « Les pieds sur terre, l'amour dans le cœur et la tête dans les étoiles. »

Déclaration commune du Grand Orient de Belgique, de la Grande Loge Féminine de Belgique, de la Grande Loge de Belgique et de la Fédération belge du Droit Humain.

✍Faits importants du jour

....

....

....

....

12 juin

Puisque je personnifie la sauvage sur scène, j'essaie d'être aussi civilisée que possible dans la vie.

Joséphine Baker.

✍Faits importants du jour

....

....

....

....

13 juin

Nous nous efforçons de transmettre les valeurs intellectuelles et éthiques qui sont le fondement de la démarche maçonnique : des citoyens plus responsables, plus éclairés, capables de faire en toute liberté les choix civiques qu'eux seuls peuvent fixer.

Jacques Mlynarczyk.

✍Faits importants du jour

....

....

....

....

📖 14 juin

Nos idées doivent être aussi vastes que la nature pour pouvoir en rendre compte.
Arthur Conan Doyle.

✍Faits importants du jour
....
....
....
....

📖 15 juin

Ce que nous jouons, c'est la vie. Le rang ne confère ni privilège, ni pouvoir. Il impose des responsabilités.
Louis Armstrong.

✍Faits importants du jour
....
....
....
....

📖 16 juin

Prenez tout très au sérieux, à l'exception de vous-même.

Le capital est chatouilleux et timides sont les prêteurs d'argent.

La femme la plus sotte peut mener un homme intelligent, mais il faut qu'une femme soit bien adroite pour mener un imbécile.

Rudyard Kipling.

✍Faits importants du jour

....

....

....

....

17 juin

Le principal devoir de l'homme envers lui-même est de s'instruire, le principal devoir de l'homme envers les autres est de les instruire.

Émile Littré.

✍Faits importants du jour

....

....

....

....

18 juin

Un fanatique est quelqu'un qui ne veut pas changer d'avis et qui ne veut pas changer de sujet.

Winston Churchill.

✍Faits importants du jour

....

....

....

....

19 juin

Insensés que nous sommes, nous voulons tout conquérir, comme si nous avions le temps de tout posséder.

Frédéric II.

✍Faits importants du jour

....

....

....

....

20 juin

L'une des preuves de l'immortalité de l'âme est que des myriades de gens le croient. Ils ont cru aussi que la terre était plate.

Dans le doute, dites la vérité.

Mark Twain.

La tâche de l'homme n'est pas de se détourner d'un univers imparfait, mais consiste à agir pour parfaire son achèvement.

H. Tort-Nouguès.

✍Faits importants du jour

....

....

....

....

21 juin

La musique est une révélation plus haute que toute sagesse et toute philosophie.

Ludwig van Beethoven.

Je distingue trois sortes de Maçons alchimistes : ceux qui pensent que le but de la Maçonnerie est la fabrication de la Pierre philosophale, ceux qui recherchent la Panacée et ceux qui recherchent la Science du Grand Œuvre, par lequel l'homme retrouverait la sagesse et les pratiques du christianisme primitif.

Jean-Baptiste Willermoz.

✍Faits importants du jour

....

....

....

....

22 juin

La tolérance n'est pas un refus de la confrontation des points de vue, mais simplement le respect absolu de l'Autre – notre Sœur, notre Frère – dans son existence, sa parole et ses croyances. De là, découle la notion de Laïcité.

Yvette Nicolas.

✍Faits importants du jour

....

....

....

....

23 juin

Si ta curiosité t'a conduit ici, va-t-en !
Instruction au profane appelé à être initié.

✍Faits importants du jour
....
....
....
....

24 juin

L'homme qui se défend de penser n'apprend jamais rien.

L'esclavage fait des monstres.
Casanova.

✍Faits importants du jour
....
....
....
....

25 juin

Mieux vaut rester silencieux et passer pour un imbécile que parler et n'en laisser aucun doute.
Abraham Lincoln.

✍Faits importants du jour

....

....

....

....

26 juin

Les amis de la vérité sont ceux qui la cherchent et non ceux qui se vantent de l'avoir trouvée.

Marie Jean Condorcet.

Le devoir des grands États est de servir et non de dominer le monde.

Harry Truman.

✍Faits importants du jour

....

....

....

....

27 juin

Traitez les gens comme s'ils étaient ce qu'ils devraient être, et vous les aiderez ainsi à devenir ce qu'ils peuvent être.

Penser est facile. Agir est difficile. Mais agir en accord avec les pensées d'un autre est plus difficile que tout.

Celui qui a envie de contester, doit se garder de dire à cette occasion des choses que personne ne lui conteste.

Johan Wolfgang von Goethe.

✍Faits importants du jour

....

....

....

....

28 juin

On avale à pleine gorgée le mensonge qui nous flatte, et l'on boit goutte à goutte une vérité qui nous est amère.

Il ne faut pas toujours approuver de la même manière ; on serait monotone, on aurait l'air faux, on deviendrait insipide.

Denis Diderot.

✍Faits importants du jour

....

....

....

....

29 juin

L'aventure est dans chaque souffle de vent.

Charles Lindbergh.

Ce n'est pas une miette de pain, c'est la moisson du monde entier qu'il faut à la race humaine, sans exploiteur et sans exploité.

Louise Michel.

✍Faits importants du jour

....

....

....

....

📖30 juin

Laisse chaque chose prendre sa place, laisse chacune de tes affaires prendre son temps.

Le cœur du fou est dans sa bouche, mais la bouche du sage se trouve dans son cœur.
Benjamin Franklin.

✍Faits importants du jour

....

....

....

....

JUILLET

1er juillet

La probité et la justice font la sûreté de la société ; la bonté et la bienfaisance en font l'utilité ; la douceur et la politesse en font l'agrément.

Gotthold Lessing.

✍Faits importants du jour

....

....

....

....

2 juillet

Le droit est le souverain du monde.

(de) Mirabeau.

Quand nous saurons une bonne fois d'où nous venons et où nous allons, nous pourrons alors savoir où nous sommes.

Pierre Dac.

✍Faits importants du jour

....

....

....

....

3 juillet

Si l'exploitation de l'homme par l'homme est le vol, le gouvernement de l'homme par l'homme est la servitude.

Pierre Joseph Proudhon.

La Franc-Maçonnerie offre un temps de paix intérieure dans ce monde d'impatience et d'insatisfaction qui est notre quotidien.

Jean-François Maury.

✍Faits importants du jour

....

....

....

....

4 juillet

Là où l'exotérisme et l'ésotérisme sont liés directement dans la constitution d'une forme traditionnelle, de façon à n'être en quelque sorte que comme les deux faces extérieure et intérieure d'une seule et même chose, il est immédiatement compréhensible pour chacun qu'il faille d'abord adhérer à l'extérieur pour pouvoir ensuite pénétrer à l'intérieur, et qu'il ne saurait y avoir d'autre voie que celle-là.

René Guénon.

✍Faits importants du jour

....

....

....

....

5 juillet

Les gens faibles sont les troupes légères de l'armée des méchants. Ils font plus de mal que l'armée même. Ils infestent et ils ravagent.

Nicolas Chamfort.

✍Faits importants du jour

....

....

....

....

6 juillet

Il n'y a rien de secret qui ne doit être découvert, ni rien de caché qui ne doit être connu. Telle est la fonction d'une Loge : vivre en conscience le mystère afin de le transmettre.

Marie Hover.

✍Faits importants du jour

....

....

....

....

7 juillet

Dès qu'on aura bien conçu que tous doivent s'occuper du bonheur de tous, le plus difficile sera fait.

Joseph Bonaparte.

✍Faits importants du jour

....

....

....

....

8 juillet

La Tradition initiatique nous dit que la vie n'est pas une fatalité ou une péripétie dont on ne saurait orienter le cours, mais qu'elle peut être vécue comme une intelligence mise en action, une force mise en marche, une exigence de réalisation en soi, par soi et par les autres, car elle est toujours une rencontre.

Alain Graesel.

✍Faits importants du jour

....

....

....

....

9 juillet

Toutes les religions se valent et sont également bonnes si les gens qui les professent sont d'honnêtes gens.

Frédéric II.

✍Faits importants du jour

....

....

....

....

10 juillet

Il faut exiger de chacun ce que chacun peut donner.

Antoine de Saint-Exupéry.

Je tremble toujours de n'avoir écrit qu'un soupir, quand je crois avoir noté une vérité.

Stendhal.

✍Faits importants du jour

....

....

....

....

11 juillet

On aurait des enfants tous élevés, si les parents étaient élevés eux-mêmes.

L'homme ne peut vivre qu'avec ses semblables, et même avec eux il ne peut pas vivre, car, il lui devient intolérable qu'un autre soit son semblable.
Johan Wolfgang von Goethe.

✍Faits importants du jour
....
....
....
....

12 juillet

Les trois quarts de l'univers peuvent trouver délicieuse l'odeur d'une rose, sans que cela puisse servir de preuve, ni pour condamner le quart qui pourrait la trouver mauvaise, ni pour démontrer que cette odeur soit véritablement agréable.
(de) Sade.

✍Faits importants du jour
....
....
....
....

13 juillet

Nous considérons que les Francs-Maçons ont le devoir de contribuer au progrès de l'humanité par :

– le perfectionnement individuel qu'ils poursuivront par la méthode initiatique et symbolique ;

– la promotion dans la société civile des valeurs qui les réunissent, telles que :

. Les principes repris dans la *Déclaration Universelle des Droits de l'Homme.*

. La fraternité universelle sans discrimination aucune.

. La liberté absolue de conscience et de pensée.

. La liberté d'expression.

. Le respect des conceptions philosophiques individuelles.

. La méthode de libre-examen excluant tout dogme, argument d'autorité, préjugé et refusant toute forme de fanatisme et de fondamentalisme.

Lithos Confédérations de Loges.

✍Faits importants du jour

....

....

....

....

14 juillet

Une nation dans laquelle une classe est opprimée ressemble à un homme qui a une blessure à la jambe : la jambe malade interdit tout exercice à la jambe saine.

Louis Blanc.

L'égalité, c'est la loi même du progrès humain.
Jules Ferry.

✍Faits importants du jour
....
....
....
....

15 juillet

L'avenir n'est interdit à personne. La politique est l'art du possible.
Léon Gambetta.

Bienheureux celui qui, ayant appris à triompher de toutes les passions, met son énergie dans l'accomplissement des tâches qu'impose la vie sans s'inquiéter du résultat.
Ludwig van Beethoven.

✍Faits importants du jour
....
....
....
....

16 juillet

La première victime d'une guerre, c'est la vérité.
Rudyard Kipling.

✍Faits importants du jour

....

....

....

....

17 juillet

Ce que l'on gagne d'expérience ne vaut pas ce qu'on perd d'illusion.

Jean Henri Dunant.

Il est curieux que le courage physique soit si répandu en ce monde et le courage moral si rare.

Mark Twain.

✍Faits importants du jour

....

....

....

....

18 juillet

Le goût est la conscience du beau, comme la conscience est le goût du bon.

Joseph de Maistre.

✍Faits importants du jour

....

....

....

....

19 juillet

L'humanité n'est parfaite dans aucun genre, pas plus dans le mal que dans le bien.

Pierre Choderlos de Laclos.

✍Faits importants du jour

....

....

....

....

20 juillet

C'est à la croisée des chemins, entre la contemplation des cieux et l'engagement fraternel, les pieds enracinés dans la terre, que se révèlent les mystères de l'initiation au cœur du Maçon.

Grande Loge Symbolique de France.

✍Faits importants du jour

....

....

....

....

21 juillet

La grandeur des chefs n'est pas dans leur personne, mais dans la mesure où ils servent la grandeur de leur peuple.

José Marti.

✍Faits importants du jour

....

....

....

....

22 juillet

Ce sont les hommes inspirés qui éclairent le peuple, et les enthousiastes qui l'égarent.

Jean Le Rond d'Alembert.

✍Faits importants du jour

....

....

....

....

23 juillet

Il est noble de s'instruire, mais c'est encore plus noble d'instruire les autres, et moins compliqué.

Mark Twain.

✍Faits importants du jour

....

....

....

....

24 juillet

J'arrive à comprendre qu'il soit possible de regarder la terre et d'être athée ; mais je ne comprends pas qu'on puisse lever, la nuit, les yeux sur le ciel et dire qu'il n'y a pas de Dieu.

Abraham Lincoln.

✍Faits importants du jour

....

....

....

....

25 juillet

Tous les siècles font entrer dans la désuétude et dans l'oubli un certain nombre de mots ; tous les siècles font entrer un certain nombre de mots dans l'habitude et l'usage.

Émile Littré.

✍Faits importants du jour

....

....

....

....

26 juillet

C'est le vécu solennel et rigoureusement exact des célébrations rituelles, héritage de nos Anciens gardé intact et retransmis en l'état de génération en génération, qui nous unira en une conversion intérieure commune et sincère. « C'est à sa lumière que nous connaîtrons la Lumière », chante le Psalmiste.

Serge Coimbra Paulo.

✍Faits importants du jour

....

....

....

....

27 juillet

Si tu es capable de dissimulation, tremble, tu seras démasqué.

Instruction au profane appelé à être initié.

✍Faits importants du jour

....

....

....

....

28 juillet

Rien n'est trop petit pour un grand esprit.

Arthur Conan Doyle.

✍Faits importants du jour

....

....

....

....

29 juillet

À quoi servirait-il d'avoir tant d'honnêtes gens dans le ministère si les gredins triomphent encore ?

Jean Le Rond d'Alembert.

✍Faits importants du jour

....

....

....

....

30 juillet

On peut voir dans l'initiation l'opération qui consiste à faire passer l'homme de l'inconscient collectif, au collectif individuel d'abord, et au conscient collectif ensuite.

S., L.

✍Faits importants du jour

....

....

....

....

31 juillet

Comment s'étaient-ils rencontrés ? Par hasard, comme tout le monde.

Comment s'appelaient-ils ? Que vous importe ?

D'où venaient-ils ? Est-ce que l'on sait où l'on va ?

Que disaient-ils ? Le maître ne disait rien, et Jacques disait que son capitaine disait que tout ce qui nous arrive de bien et de mal ici-bas était écrit là-haut.

Et qu'est-ce qu'une bonne éducation, sinon celle qui conduit à toutes sortes de jouissances sans péril et sans inconvénient.

Denis Diderot.

✍Faits importants du jour

....

....

....

....

AOÛT

1er août

Nous croyons en la fraternité universelle, nous rejetons le racisme, le totalitarisme, nous avons été (nous Maçons) à la base des libertés, et pourtant, certains osent critiquer des Sœurs et des Frères en ne les reconnaissant pas comme tels, tout simplement parce qu'un jour l'histoire a divisé les Maçons. Cette attitude, dans le monde dans lequel nous vivons, est indigne d'un Maçon.

Gilles Grandjean.

✍Faits importants du jour

....

....

....

....

2 août

Toutes les religions ont leurs mystères, et il semble que, sans cela, il n'y aurait point de religion.

(de) Montesquieu.

Tu es responsable de ce que tu as apprivoisé.
Antoine de Saint-Exupéry.

✍Faits importants du jour
....
....
....
....

3 août

À la gloire du Tout Puissant et Sublime Architecte des Mondes.

La Franc-Maçonnerie n'est pas une société secrète. Ses Constitutions, ses Règlements et, parfois, ses Rituels sont accessibles au public. Toutefois, comme nombre d'autres associations, elle considère que certaines de ses affaires internes sont des questions privées qui ne regardent que ses membres.
Grande Loge Française du Rite Ecossais Primitif.

✍Faits importants du jour
....
....
....
....

4 août

Le suffrage universel est une institution excellente pour faire dire au peuple non ce qu'il pense, mais ce qu'on veut de lui.
Pierre Joseph Proudhon.

Faits importants du jour

....

....

....

....

5 août

La vérité nous oblige à reconnaître que nous sommes des êtres bornés ; l'erreur nous flatte en nous faisant croire que dans une direction au moins nous n'avons pas de limites.

Notre coup de maître, c'est de sacrifier notre existence propre afin de mieux exister.
Johan Wolfgang von Goethe.

Faits importants du jour

....

....

....

....

6 août

Le vrai sage ne s'occupe pas de ce qui est bon ou mauvais dans ce monde. Raisonne toujours dans ce sens : c'est le secret de la vie.
Ludwig van Beethoven.

La parole a été donnée à l'homme pour cacher sa pensée.
Stendhal.

✍Faits importants du jour

....

....

....

....

7 août

La conscience n'a pas plus à faire avec la galanterie qu'avec la politique.

Richard Sheridan.

✍Faits importants du jour

....

....

....

....

8 août

Les leçons ne servent généralement qu'à ceux qui les donnent.

Pierre Dac.

✍Faits importants du jour

....

....

....

....

9 août

Je te plaindrais, si tu ne me faisais rire.
Charles De Coster.

Le sort fait les parents, le choix fait les amis.
Jacques Delille.

✍Faits importants du jour

....

....

....

....

10 août

Nous sommes profondément blessés quand on ne nous respecte pas ; pourtant, au fond de son cœur, aucun homme ne se respecte beaucoup lui-même.

La réalité dépasse la fiction, car la fiction doit contenir de la vraisemblance, mais non pas de la réalité.
Marc Twain.

✍Faits importants du jour

....

....

....

....

11 août

L'homme ne devient pas seulement au cours de sa vie débiteur de ses contemporains ; dès sa naissance, il est un obligé. L'homme naît débiteur de l'association humaine.

Léon Bourgeois.

✍Faits importants du jour

....

....

....

....

12 août

Ce que nous sommes : une société initiatique qui remonte à la plus haute antiquité, une association internationale sans distinction de race, de couleur ou de langue, pratiquant une Fraternité sans complaisance, un ensemble de Loges régies par les principes de la Tolérance mutuelle, le respect des autres et de soi-même, de la liberté absolue de conscience, n'acceptant aucune entraide et n'assignant aucune limite dans la recherche constante de la Vérité et de la Justice.

Ce que nous ne sommes pas : un club service, un groupe thérapeutique, des femmes sectaires ou dogmatiques, une association à but politique et/ou lucratif.

Grande Loge Féminine de Suisse.

✍Faits importants du jour

....

....

....

....

13 août

Pour les Francs-Maçons, la recherche du progrès a toujours été un moteur dans leurs réflexions et leurs actions. Ce principe fait partie intégrante de la Tradition de l'Obédience.

Grand Orient du Luxembourg.

✍Faits importants du jour

....

....

....

....

14 août

On nous le répète à l'école : « La vanité est le plat des sots. »

Mais les sages aussi condescendent à y goûter de temps en temps…

Jonathan Swift.

✍Faits importants du jour

....

....

....

....

15 août

Le divin est dans l'humain.
José Marti.

La seule révolution possible, c'est d'essayer de s'améliorer soi-même, en espérant que les autres fassent la même démarche. Le monde ira mieux alors.
Georges Brassens.

✍Faits importants du jour

....
....
....
....

16 août

Si tu persévères, tu seras purifié par les Éléments, tu sortiras de l'abîme des Ténèbres, tu verras la Lumière !
Instruction au profane appelé à être initié.

✍Faits importants du jour

....
....
....
....

17 août

Notre association est animée par la recherche de progrès pour l'amélioration de l'Homme et de la

Société, dans le respect d'une Tradition héritée des fondateurs de la Franc-Maçonnerie.
Grand Orient du Luxembourg.

✍Faits importants du jour
....
....
....
....

18 août

La modestie n'est une vertu que quand elle est naturelle.

L'homme qui veut s'instruire doit lire d'abord, et puis voyager pour rectifier ce qu'il a appris.
Casanova.

✍Faits importants du jour
....
....
....
....

19 août

Dire qu'un livre est moral ou immoral n'a pas de sens, un livre est bien ou mal écrit.
Oscar Wilde.

On n'est jamais trop âgé pour s'instruire.
Benjamin Franklin.

✍Faits importants du jour

....

....

....

....

20 août

Humanistes, nous plaçons l'homme et la femme au centre de nos préoccupations et de la société. Nous militons pour la liberté et la dignité de tout être humain. Nous n'acceptons pas la violence, les humiliations, les pauvretés, les fanatismes et la barbarie.

Michèle Baron-Bradshaw.

La transmission initiatique subsiste toujours, puisque la « chaîne » traditionnelle n'a pas été interrompue.

René Guénon.

✍Faits importants du jour

....

....

....

....

21 août

Tout est combat, lutte : seul mérite l'amour et la vie celui qui quotidiennement doit les conquérir.

Parler est un besoin, écouter est un art.

Peu d'hommes veulent devenir quelqu'un, tous veulent l'être déjà.

Johan Wolfgang von Goethe.

✍Faits importants du jour

....

....

....

....

22 août

Parle sobrement avec les grands, prudemment avec tes égaux, sincèrement avec tes amis, doucement avec les petits, tendrement avec les pauvres.

Précepte.

✍Faits importants du jour

....

....

....

....

23 août

Puissent tous les hommes se souvenir qu'ils sont frères.

Voltaire.

Percer le secret de l'Art royal, c'est rendre la matière en capacité de manifester l'Esprit qu'elle contient.

Marie Hover.

✍Faits importants du jour

....

....

....

....

24 août

Presque tous les hommes peuvent faire face à l'adversité ; mais si vous voulez tester la capacité de quelqu'un, donnez-lui le pouvoir.

Le capital est seulement le fruit du travail et il n'aurait jamais pu exister si le travail n'avait tout d'abord existé.

Abraham Lincoln.

✍Faits importants du jour

....

....

....

....

25 août

Quelque recherche qu'on ait faite, jamais un miracle ne s'est produit là où il pouvait être observé et constaté.

Émile Littré.

✍Faits importants du jour

....

....
....
....

26 août

Considérant que toute recherche spirituelle ou philosophique est indissociable de l'esprit de fraternité qui unit tous les Maçons, nous travaillons à ce que la Loge soit un lieu d'échange et de convivialité. « *Chaque homme est une humanité, une histoire universelle* », selon Jules Michelet.

Loge « Évolution » au Grand Orient de Suisse.

✍Faits importants du jour

....
....
....
....

27 août

Sans la Tradition, la Franc-Maçonnerie n'aurait plus lieu d'être, ce n'est pas être élitiste ou dogmatique que de le clamer.

G.P.

✍Faits importants du jour

....
....
....
....

28 août

Pourquoi Dieu a-t-Il fait l'homme jardinier ? C'est parce qu'Il savait qu'au jardin la moitié du travail se fait à genoux.

Tout bien considéré, il y a deux sortes d'hommes dans le monde : ceux qui restent chez eux et les autres.
Rudyard Kipling.

✍Faits importants du jour

....

....

....

....

29 août

On gouverne les hommes avec la tête. On ne joue pas aux échecs avec un bon cœur.
Nicolas Chamfort.

✍Faits importants du jour

....

....

....

....

30 août

Nous croyons conduire le destin ; mais c'est toujours lui qui nous mène.

Qui peut se vanter d'avoir assez d'expérience ? Celui qui s'est flatté d'en être le mieux pourvu, n'a-t-il jamais été dupe ? Et puis, y a-t-il un homme capable d'apprécier juste les circonstances où il se trouve ?
Denis Diderot.

✍Faits importants du jour

....

....

....

....

31 août

Pour s'améliorer, il faut changer. Donc, pour être parfait, il faut avoir changé souvent.

En avalant les méchantes paroles qu'on ne profère pas, on ne s'est jamais abîmé l'estomac.
Winston Churchill.

✍Faits importants du jour

....

....

....

....

SEPTEMBRE

1er septembre

Messieurs, ce que nous vous demandons à tous, c'est de nous faire des hommes avant de nous faire des grammairiens.

Jules Ferry.

Je n'entends pas à ce que le peuple soit soumis à une nouvelle religion, quelle qu'elle soit.

Pierre Joseph Proudhon.

✍Faits importants du jour

....

....

....

....

2 septembre

Plus tu prends part aux joies et aux chagrins des gens, plus ils te sont proches et chers. Mais c'est le chagrin et les problèmes qui vous rapprochent le plus.

Un mensonge peut faire le tour de la terre le temps que la vérité mette ses chaussures.

Mark Twain.

✍Faits importants du jour

....

....

....

....

3 septembre

Nous ne voulons pas « hurler avec les loups » et perdre notre authenticité pour être « à la mode ». Nous avons l'Utopie de continuer à porter au troisième millénaire une Tradition Initiatique vivante pour aider l'Homme dans sa réalisation intérieure qui est son véritable but sur cette Terre, seul moyen d'aider l'ensemble de l'humanité à progresser vers la Paix, la Justice, la Fraternité.

Grande Loge Traditionnelle et Symbolique Opéra.

✍Faits importants du jour

....

....

....

....

4 septembre

La Tradition enseigne, de manière apparemment paradoxale, que l'être ne peut être initié que par lui-même et ne peut être initié que par ses Frères ou ses Sœurs. Mais, comme le dit Hermann Hesse, *« le paradoxal doit toujours être à nouveau tenté, l'impossible toujours entrepris. »*

L'initiation est une institution primordiale qui se vit communautairement. Pourtant, l'être qui chemine sur une voie initiatique ne peut affronter que seul les obstacles qui se présentent à lui.

Marie Hover.

✍Faits importants du jour

....

....

....

....

5 septembre

Bien des erreurs sont nées d'une vérité dont on abuse.

Voltaire.

Soyez polis envers tous, mais intimes avec peu ; et choisissez-les bien avant de leur faire confiance.

George Washington.

✍Faits importants du jour

....

....

....

....

6 septembre

Il y a récession quand votre voisin perd son travail, dépression quand vous perdez le vôtre.

Harry Truman.

✍Faits importants du jour

....

....

....

....

7 septembre

Seuls l'art et la science élèvent l'homme jusqu'à la divinité.

Ludwig van Beethoven.

Laissez-le s'estimer pour qu'il soit estimable.

Jacques Delille.

✍Faits importants du jour

....

....

....

....

8 septembre

Le bon ton ne serait-il point de faire semblant de faire par passion ce que l'on fait par intérêt ?

Stendhal.

✍Faits importants du jour

....

....

....

....

9 septembre

C'est vraiment utile puisque c'est joli.
Antoine de Saint-Exupéry.

✍Faits importants du jour

....

....

....

....

10 septembre

Les femmes sont fausses dans les pays où les hommes sont des tyrans. Partout la violence produit la ruse.
Jacques Bernardin de Saint-Pierre.

✍Faits importants du jour

....

....

....

....

11 septembre

Tout ce qui divise les hommes, tout ce qui les spécifie, les isole ou les parque, est un péché contre l'humanité.
José Marti.

Je n'aime pas à parler des vivants, parce qu'on est de temps en temps exposé à rougir du bien et du mal qu'on en a dit ; du bien qu'ils gâtent, du mal qu'ils réparent.

Si on ne dit presque rien dans ce monde, qui soit entendu comme on le dit, il y a bien pis, c'est qu'on n'y fait presque rien, qui soit jugé comme on l'a fait.
Denis Diderot.

✍Faits importants du jour
....
....
....
....

12 septembre

Ce que vous avez hérité de vos ancêtres, il faut le mériter par vous-même autrement, ce ne sera jamais à vous.

L'architecture, c'est de la musique figée.
Johan Wolfgang von Goethe.

✍Faits importants du jour
....
....
....
....

13 septembre

Ose être honnête et ne crains pas le travail.

Le suspense est pire que la déception.
Robert Burns.

✍Faits importants du jour
....
....
....
....

📖 14 septembre

Si un homme vide sa bourse dans sa tête, personne ne peut la lui prendre. Un investissement dans le savoir paie toujours les meilleurs intérêts.

L'oisiveté est comme la rouille, elle use plus que le travail.
Benjamin Franklin.

✍Faits importants du jour
....
....
....
....

📖 15 septembre

La Franc-Maçonnerie n'a pas de naissance humaine décelable ; cet Ordre a existé de tout temps comme une expression de la pensée humaine.
Marius Lepage.

L'amour de la démocratie est d'abord un état d'esprit.
Pierre Mendès France.

✍Faits importants du jour
....
....
....
....

16 septembre

Le silence devient péché lorsqu'il prend la place qui revient à la protestation, et, d'un homme, il fait alors un lâche.

Vous pouvez tromper quelques personnes tout le temps. Vous pouvez tromper tout le monde un certain temps. Mais vous ne pouvez tromper tout le monde tout le temps.
Abraham Lincoln.

✍Faits importants du jour
....
....
....
....

17 septembre

Ceux qui donnent leur nom à une secte maçonnique ou à d'autres associations du même genre, qui complotent contre l'Église ou les pouvoirs légitimement établis, contractent par le fait même une excommunication simplement réservée au siège apostolique.

Article 2 335 du Code de droit canon de l'Église catholique et romaine, 1917.

Un Franc-Maçon est tenu par son état d'obéir à la loi morale ; et s'il entend bien l'Art, jamais il ne sera un athée stupide, ni un libertin irréligieux.

Constitutions, James Anderson.

✍Faits importants du jour

....

....

....

....

18 septembre

Pour être des nôtres, il suffit d'être de la religion sur laquelle tous les hommes sont d'accord, laissant à chacun ses opinions particulières.

James Anderson.

✍Faits importants du jour

....

....

....

....

19 septembre

La Lumière qui brille au-delà de ce ciel, au-delà de tout, dans les plus hauts mondes au-delà desquels il n'y a pas de plus hauts, est en vérité la même Lumière qui brille à l'intérieur de l'homme.

Extrait du Chandogya Upanishad.

✍Faits importants du jour

....

....

....

....

20 septembre

Les titres ne sont que la décoration des sots, les grands hommes n'ont besoin que de leur nom.

Frédéric II.

✍Faits importants du jour

....

....

....

....

21 septembre

Pourquoi dépenser de l'argent pour faire établir votre arbre généalogique ? Faites de la politique et vos adversaires s'en chargeront.

Les animaux supérieurs ne sont jamais atteints de cette maladie qu'on appelle le sens moral.

Mark Twain.

✍Faits importants du jour

....

....

....

....

📖22 septembre

Lorsque vous avez éliminé l'impossible, ce qui reste, si improbable soit-il, est nécessairement la vérité.

Arthur Conan Doyle.

✍Faits importants du jour

....

....

....

....

📖23 septembre

La réflexion symbolique utilise aussi bien les mots, que les images, la musique ou la peinture ; elle réveille chez l'homme moderne la présence d'un imaginaire qui désormais pourra cohabiter avec une réflexion scientifique.

L'Ordre Initiatique et Traditionnel de l'Art Royal propose une méthode originale de réflexion, qui constitue pour moi une véritable science du bonheur, mais cela ne s'explique pas, cela se vit !

Pascal Ansart dit Douaisien.

✍Faits importants du jour

....

....

....

....

24 septembre

Il n'y aura pas d'autre enfer pour l'homme que la bêtise ou la méchanceté de ses semblables.
(de) Sade.

✍Faits importants du jour

....

....

....

....

25 septembre

Jamais homme sage n'a souhaité de rajeunir.
Jonathan Swift.

✍Faits importants du jour

....

....

....

....

26 septembre

J'ai toujours près de moi des fidèles amis. C'est à eux que je dois tout ce que j'ai appris. Leurs noms sont Quand, Où, Quoi, Comment et Qui.

Si vous avez la simple beauté et rien d'autre, vous avez à peu près ce que Dieu a fait de mieux.
Rudyard Kipling.

✍Faits importants du jour
....
....
....
....

27 septembre

Les chocs révolutionnaires ne sont point, comme quelques personnes semblent le croire, occasionnés par le libre développement des idées : ils ont toujours, au contraire, été le produit inévitable des vains obstacles qu'on lui oppose imprudemment ; du défaut d'accord entre la marche des affaires et celle de l'opinion, entre les institutions sociales et l'état des esprits.
Pierre Cabanis.

✍Faits importants du jour
....
....
....
....

28 septembre

Le plus étrange, c'est que les choses dont nous parlons le moins sont celles auxquelles nous pensons le plus.

Charles Lindbergh.

✍Faits importants du jour

....

....

....

....

29 septembre

Extraire la pierre brute, la tailler pour en faire une pierre polie, est le Travail donnant une pierre vivante qui, placée dans l'édifice du Cosmos, sert à construire un monde meilleur et à se construire soi-même.

G.P.

✍Faits importants du jour

....

....

....

....

30 septembre

On a peu de besoins quand on est vivement touché par ceux des autres.

Gotthold Lessing.

✍Faits importants du jour

....

....

....

....

OCTOBRE

1er octobre

Abuser de l'esprit philosophique, c'est en manquer.
Jean Le Rond d'Alembert.

✍Faits importants du jour

....

....

....

....

2 octobre

Être adulte, c'est avoir pardonné à ses parents.

Le langage fabrique les gens bien plus que les gens ne fabriquent le langage.
Johan Wolfgang von Goethe.

✍Faits importants du jour

....

....

....

....

3 octobre

Une occasion manquée se retrouve, tandis qu'on ne revient jamais d'une démarche précipitée.

On acquiert rarement les qualités dont on peut se passer.

Pierre Choderlos de Laclos.

✍Faits importants du jour

....

....

....

....

4 octobre

Que l'on me donne six heures pour couper un arbre, j'en passerai quatre à préparer ma hache.

En donnant la liberté aux esclaves, nous assurons celle des hommes libres.

Abraham Lincoln.

✍Faits importants du jour

....

....

....

....

5 octobre

C'est un moyen de se consoler que de regarder sa douleur de près.

Stendhal.

La conscience du sacré est un feu qui purifie l'action.

Marie Hover.

✍Faits importants du jour

....

....

....

....

6 octobre

Notre Loge affirme son attachement à l'esprit de terroir qui évoque les valeurs ancestrales, humbles mais fondamentales, sur lesquelles il nous a paru souhaitable de greffer notre réflexion et nos actions.

Loge « La Bonne Amitié » au Grand Orient de Suisse.

✍Faits importants du jour

....

....

....

....

7 octobre

Les rites sont dans le temps ce que la demeure est dans l'espace. Tu n'as rien à attendre d'une cathédrale sans architecte, d'une année sans fêtes…

Antoine de Saint-Exupéry.

Faits importants du jour

....

....

....

....

8 octobre

L'utilisation de tous les symboles en interprétation libre nous apporte une panoplie de convictions philosophiques ou religieuses qui font précisément notre richesse et notre pluralisme.

Au sein de la Communauté Maçonnique Belge, il existe non seulement une parfaite entente, mais aussi une étroite fraternité entre les Loges et entre les Obédiences qui gardent leurs spécificités et leur autonomie.

Grande Loge de Belgique.

Faits importants du jour

....

....

....

....

9 octobre

La loi juste n'est point celle qui a son effet sur tous, mais celle qui est faite pour tous.

Joseph de Maistre.

✍Faits importants du jour

....

....

....

....

10 octobre

Mourir fait partie de la vie. Et ceux qui ont peur de la mort sont aussi ceux qui ont peur de vivre.

Clark Gable.

✍Faits importants du jour

....

....

....

....

11 octobre

Nous ne sommes pas dans la vie pour être heureux, mais nous devons tâcher de mériter le bonheur.

Alexandre Chatrian.

✍Faits importants du jour

....

....

....

....

12 octobre

Que répondre à un homme qui vous dit qu'il aime mieux obéir à Dieu qu'aux hommes et qui, en conséquence, est sûr de mériter le ciel en vous égorgeant ?

Voltaire.

✍Faits importants du jour

....

....

....

....

13 octobre

Je ne suis d'aucune époque ni d'aucun lieu ; en dehors du temps et de l'espace, mon être spirituel vit son éternelle existence et, si je plonge dans ma pensée en remontant le cours des âges, si j'étends mon esprit vers un mode d'existence éloigné de celui que vous percevez, je deviens celui que je désire.

Joseph Balsamo Cagliostro.

✍Faits importants du jour

....

....

....

....

14 octobre

Si tu veux progresser vers l'infini, explore le fini dans toutes les directions.

Le véritable poète a pour vocation d'accueillir en lui la splendeur du monde.

Quoi que l'homme entreprenne et fasse, l'individu ne se suffit pas, la société reste le suprême besoin de tout homme de valeur.

Johan Wolfgang von Goethe.

✍Faits importants du jour

....

....

....

....

15 octobre

Tout ce qui est réellement inspiré de la connaissance traditionnelle procède toujours « de l'intérieur » et non « de l'extérieur ».

René Guénon.

✍Faits importants du jour

....

....

....

....

16 octobre

Il est plus facile de résister au premier de ses désirs qu'à tous ceux qui le suivent.

Cherche en les autres pour les vertus, en toi pour les vices.

Benjamin Franklin.

La pire des choses serait de passer sa vie à la porte du Temple, avec la certitude d'avoir un jour été initié.

Nicolas Georges.

✍Faits importants du jour

....

....

....

....

17 octobre

Le fait que l'homme distingue le bien du mal prouve sa supériorité intellectuelle par rapport à toute autre créature ; mais le fait qu'il puisse mal agir prouve l'infériorité de son esprit.

La gentillesse est le langage qu'un sourd peut entendre et qu'un aveugle peut voir.

Mark Twain.

✍Faits importants du jour

....

....

....

....

18 octobre

Au progrès de l'humanité. À la gloire du grand architecte de l'univers.

Juridiction canadienne du Droit Humain.

✍Faits importants du jour

....

....

....

....

19 octobre

La Maçonnerie n'est pas opposée aux religions ni à la foi.

Henri Bartholomeeusen.

✍Faits importants du jour

....

....

....

....

20 octobre

Aucune querelle privée ne doit franchir le seuil de la Loge, moins encore des querelles concernant la religion, ou des nations, ou de la politique d'État.

Jean Théophile Désaguliers et James Anderson.

Faits importants du jour

....

....

....

....

21 octobre

La vraie supériorité de l'homme, c'est la bonté.

Ludwig van Beethoven.

Faits importants du jour

....

....

....

....

22 octobre

Ne nous faisons pas les chefs d'une nouvelle religion, cette religion fut-elle la religion de la logique, la religion de la raison.

Pierre Joseph Proudhon.

✍Faits importants du jour

....

....

....

....

23 octobre

Ce qui constitue la vraie démocratie, ce n'est pas de reconnaître les égaux, mais d'en faire.

Léon Gambetta.

Écouter les autres, c'est encore la meilleure façon d'entendre ce qu'ils disent.

Pierre Dac.

✍Faits importants du jour

....

....

....

....

24 octobre

Il est très surprenant que les richesses des gens d'Église aient commencé par le principe de la pauvreté.

(de) Montesquieu.

✍Faits importants du jour

....

....

....

....

25 octobre

Il n'est pas permis à tous les hommes d'être grands, mais ils peuvent tous être bons.

Jean-François Marmontel.

✍Faits importants du jour

....

....

....

....

26 octobre

Plus vous saurez regarder loin dans le passé, plus vous verrez loin dans le futur.

Winston Churchill.

✍Faits importants du jour

....

....

....

....

27 octobre

J'ai souvent pensé que la mort était la plus belle invention de la nature, mais quand elle nous frappe nous, et non pas les nôtres.

(de) Mirabeau.

✍Faits importants du jour

....

....

....

....

28 octobre

La Maçonnerie, aujourd'hui, a une place formidable à vivre. Elle se situe entre les excès d'une économie débridée et amorale qui engendrent la misère et les injustices et un retour en force des dérives religieuses et sectaires menaçant les libertés et la démocratie.

Michèle Baron-Bradshaw.

✍Faits importants du jour

....

....

....

....

29 octobre

La logique sauve de l'ennui.

Arthur Conan Doyle.

✍Faits importants du jour

....

....

....

....

30 octobre

Pour juger un homme, il faut examiner sa conduite quand il est sain et libre : malade ou en prison, il n'est plus le même.

Le fils de l'avare est prodigue, le fils du prodigue est avare. (…) On ne désire pas ce qu'on possède.

Casanova.

✍Faits importants du jour

……………………………………………………………………

……………………………………………………………………

……………………………………………………………………

……………………………………………………………………

31 octobre

Toute la lumière vient de l'Orient ; toute initiation, de l'Égypte ; j'ai eu trois ans comme vous, puis sept ans, puis l'âge d'homme ; et, à partir de cet âge, je n'ai plus compté.

Joseph Balsamo Cagliostro.

✍Faits importants du jour

……………………………………………………………………

……………………………………………………………………

……………………………………………………………………

……………………………………………………………………

NOVEMBRE

1er novembre

Un homme n'est grand que s'il a vu la mort de près et l'a regardée en face, froide et impassible.

Paul Doumer.

Le Franc-Maçon est fidèlement et entièrement dévoué à sa patrie. Il reconnaît comme un devoir sacré de défendre les libertés et l'indépendance de son pays ainsi que de contribuer à maintenir la paix intérieure.

Grande Loge Française du Rite Ecossais Primitif.

✍Faits importants du jour

....

....

....

....

2 novembre

Les justes éloges ont un parfum que l'on réserve pour embaumer les morts.

Un lion mort ne vaut pas un moucheron qui respire.

Voltaire.

✍Faits importants du jour

....

....

....

....

3 novembre

La vérité est plus éloignée de nous que la fiction.

C'est plus facile d'avoir des principes quand on est bien nourri.

Mark Twain.

✍Faits importants du jour

....

....

....

....

4 novembre

Dès que tu vois que tu sais faire une chose, attaque-toi à quelque chose que tu ne sais pas encore faire.

On ne paie jamais trop cher le privilège d'être son propre maître.

Rudyard Kipling.

Le déplacement des officiers de la Loge, remplissant leur fonction au cours du rituel, s'apparente dans sa signification aux pas d'une danse sacrée mettant les initiés en harmonie avec les rythmes du cosmos afin qu'ils soient en capacité d'œuvrer.

Marie Hover.

✍Faits importants du jour

....

....

....

....

5 novembre

Une grande beauté, une force formidable, de grandes richesses ne sont pas vraiment d'un grand intérêt ; un cœur juste surpasse tout cela.

Je ne dirai du mal de personne et je dirai tout le bien que je sais de tout le monde.

Benjamin Franklin.

✍Faits importants du jour

....

....

....

....

6 novembre

Nous, en tant que Francs-Maçons, nous sommes exclusivement de la religion universelle ; nous sommes aussi de toutes les nations, idiomes, parentés et langages, et sommes résolument contre toutes les politiques, comme n'ayant jamais contribué et ne pouvant jamais contribuer au bien-être de la Loge.

Jean Théophile Désaguliers et James Anderson.

✍Faits importants du jour

....

....

....

....

7 novembre

Tout portrait qu'on peint avec âme est un portrait non du modèle, mais de l'artiste.

Oscar Wilde.

Conservons par la sagesse ce que nous avons acquis par l'enthousiasme.

Marie Jean Condorcet.

✍Faits importants du jour

....

....

....

....

8 novembre

De quelque Rite reconnu que soit un Franc-Maçon, il est Frère de tous les Francs-Maçons du globe.

Convent de Lausanne, 1875.

✍Faits importants du jour

....

....

....

....

9 novembre

Dieu doit aimer les gens ordinaires ; il en fait tellement.

La perte d'un ennemi ne compense pas celle d'un ami.

Abraham Lincoln.

✍Faits importants du jour

....

....

....

....

10 novembre

Je ne sais ce que c'est que des principes, sinon des règles qu'on prescrit aux autres pour soi.

La bravoure est tantôt plus, tantôt moins considérée ; plus elle est commune, moins on en est vain, moins on en fait l'éloge.

Denis Diderot.

✍Faits importants du jour

....

....

....

....

11 novembre

Il n'y a jamais eu de bonne guerre ni de mauvaise paix.

Aimes-tu la vie ? Alors, ne gaspille pas ton temps, car il est l'essence de la vie.

Benjamin Franklin.

Il y a une émotion encore plus forte que celle de tuer, c'est celle de laisser la vie.

Rudyard Kipling.

✍Faits importants du jour

....

....

....

....

12 novembre

Je continue à composer parce que cela me fatigue moins que de me reposer. (…) Alors, je mets ensemble les notes qui s'aiment.

Wolfgang Amadeus Mozart.

✍Faits importants du jour

....

....

....

....

13 novembre

Si je pouvais imprimer dans l'âme de chaque amateur de musique, et principalement dans celle de grands de ce monde, ce que je ressens devant les inimitables travaux de Mozart, les nations rivaliseraient pour posséder un tel joyau dans leurs murs.

Joseph Haydn.

✍Faits importants du jour

....

....

....

....

14 novembre

L'homme et la femme sont deux poumons dans un corps. Affaiblir l'un revient à affaiblir le corps entier.

Aga Khan III.

Ce qu'on dit être nouveau en ce monde, c'est l'histoire qu'on ignore.

Harry Truman.

✍Faits importants du jour

....

....

....

....

15 novembre

Je ne sais comment il arrive qu'il soit impossible de former un système du Monde sans être d'abord accusé d'athéisme : Descartes, Newton, Gassendi, Malebranche. En quoi on ne fait autre chose que prouver l'athéisme et lui donner des forces, en faisant croire que l'athéisme est si naturel que tous les systèmes, quelque différents qu'ils soient, y tendent toujours.

(de) Montesquieu.

✍Faits importants du jour

....

....

....

....

16 novembre

L'Ordre Maçonnique est porteur de promesses. La Loge Maçonnique est une espérance. Dans sa plénitude elle prépare l'homme, par la voie de l'Initiation à assumer son devenir.

Grande Loge Française de Memphis-Misraïm.

✍Faits importants du jour

....

....

....

....

17 novembre

Et tant que tu n'auras pas compris ce « meurs et deviens », tu ne seras qu'un hôte obscur sur la terre ténébreuse.

Jouis de ce que tu peux, supporte ce que tu dois.

Si vous avez confiance en vous-même, vous inspirerez confiance aux autres.

Johan Wolfgang von Goethe.

✍Faits importants du jour

....

....

....

....

18 novembre

Je veux un ordre dans lequel chaque individu est producteur et consommateur, citoyen et prince, administrateur et administré ; où sa liberté augmente toujours, sans qu'il soit besoin d'en aliéner jamais rien ; où son bien-être s'accroisse indéfiniment. Cet ordre ne sera pas un ordre politique, mais un ordre économique basé sur l'autogestion et la fédération.

Pierre Joseph Proudhon.

✍Faits importants du jour

....

....

....

....

19 novembre

La soumission du peuple n'est jamais due qu'à la violence et à l'étendue des supplices.

(de) Sade.

✍Faits importants du jour

....

....

....

....

20 novembre

Les discours des hommes ne sont que des masques qu'ils appliquent sur leurs actions.

Stendhal.

✍Faits importants du jour

....

....

....

....

21 novembre

L'importance sans mérite obtient des égards sans estime.

Nicolas Chamfort.

✍Faits importants du jour

....

....

....

....

22 novembre

Il n'y a que la main d'un ami qui arrache l'épine du cœur.

Claude Adrien Helvétius.

✍Faits importants du jour

....

....

....

....

23 novembre

Après le pain, l'éducation est le premier besoin du peuple.

Georges Danton.

✍Faits importants du jour

....

....

....

....

24 novembre

La Franc-Maçonnerie n'est pas une société secrète ; elle est, cependant, prudente et discrète. Le plus grand et en même temps le « mieux connu » de ses secrets est que, sans faire de recrutement, elle est accessible à tous les individus, sans égard à leur race ou religion, qui croient en l'existence d'un Être suprême et qui sont empreints de bon jugement et de bonnes mœurs. C'est pour cela que la Franc-Maçonnerie s'enorgueillit de prendre de bons sujets pour les rendre meilleurs.

Opkar S.Sandhu.

✍Faits importants du jour

....

....

....

....

25 novembre

Les personnes admises membres d'une Loge doivent être hommes de bien et loyaux, nés libres et d'âge mûr et discrets, ni esclaves, ni femmes, ni hommes immoraux et scandaleux, mais de bonne réputation.

James Anderson.

Pourquoi les femmes ne pourraient-elles pas empiéter sur les domaines réservés aux hommes ?

Maria Deraismes.

✍Faits importants du jour

....

....

....

....

26 novembre

La démocratie c'est le gouvernement du peuple, par le peuple, pour le peuple.

Un bulletin de vote est plus fort qu'une balle de fusil.

Abraham Lincoln.

✍Faits importants du jour

....

....

....

....

27 novembre

À partir du moment où, dans un pays, s'établit un divorce entre l'orientation du régime et les aspirations de la jeunesse, alors, oui, la catastrophe est proche – alors le totalitarisme menace à plus ou moins long terme.

Pierre Mendès France.

✍Faits importants du jour

....

....

....

....

28 novembre

L'expression artistique, pleinement valorisée, tremplin de l'affectivité, trouve son sens dans le fait d'aider l'enfant à s'adapter et, surtout, à améliorer son milieu.

Ovide Decroly.

✍Faits importants du jour

....

....

....

....

29 novembre

Le meilleur moyen de faire avorter la révolution, c'est de trop demander.

(de) Mirabeau.

S'éclairer soi-même afin de pouvoir éclairer autrui, tel est le véritable objet du travail maçonnique.

Oswald Wirth.

✍Faits importants du jour

....

....

....

....

30 novembre

Le sage devance son siècle et son langage ne peut être entendu que par la postérité.

Lazare Carnot.

✍Faits importants du jour

....

....

....

....

DÉCEMBRE

1er décembre

L'élève doit avoir un maître. À tout néophyte correspond un hiérophante *(prêtre qui présidait aux mystères d'Eleusis).*

Philippe du Bouleau.

✍Faits importants du jour

....

....

....

....

2 décembre

On ne voit bien qu'avec le cœur. L'essentiel est invisible pour les yeux.

Antoine de Saint-Exupéry.

Jamais le christianisme, si vous y regardez de près, ne vous paraîtra plus sublime, plus digne de Dieu, et plus fait pour l'homme qu'à la guerre.

Joseph de Maistre.

✍Faits importants du jour

....

....

....

....

3 décembre

Il n'y a pas de grandeur où il n'y a pas de vérité.
Gotthold Lessing.

La fraternité du malheur est la fraternité la plus rapide.
José Marti.

✍Faits importants du jour

....

....

....

....

4 décembre

Ne juge pas légèrement les actions des hommes ; loue peu et blâme encore moins ; pense que pour bien juger les hommes, il faut sonder les cœurs et scruter les intentions.
Précepte.

✍Faits importants du jour

....

....

....
....

5 décembre

Temples antiques et cathédrales médiévales portent dans leurs pierres vivantes des mystères qui nous concernent, puisqu'ils touchent à l'essence même de la vie en esprit, donc de notre vie intérieure, à condition qu'elle soit correctement construite à l'aide des outils du Maître d'Œuvre.

Christian Jacq.

✍Faits importants du jour

....
....
....
....

6 décembre

Quand on chérit le plaisir, il ne faut pas philosopher pour le diminuer.

Pour mettre la raison sur la voie de la vérité, il faut commencer par la tromper ; les ténèbres ont nécessairement précédé la lumière.

Casanova.

✍Faits importants du jour

....
....

....
....

7 décembre

La pire chambre vaut mieux que la meilleure des antichambres.

La renaissance politique d'une nation ne peut pas être séparée de sa renaissance économique.
Camillo Cavour.

✍Faits importants du jour
....
....
....
....

8 décembre

Je n'aime point Dieu parce que je ne le connais pas, ni le prochain parce que je le connais.
(de) Montesquieu.

✍Faits importants du jour
....
....
....
....

9 décembre

« Indépendante et Souveraine » sont des caractéristiques fortes que la Loge revendique depuis sa création et qu'elle a tenu à inscrire dans son identité. Ses effectifs, encore modestes, lui permettent d'affirmer une taille humaine qui fait que chaque membre se sent le maillon d'une chaîne fraternelle unie.

Grande Loge Indépendante et Souveraine des Rites Unis.

✍Faits importants du jour

....

....

....

....

10 décembre

Plus nous pénétrons dans l'inconnu, plus il nous semble immense et merveilleux.

Charles Lindbergh.

✍Faits importants du jour

....

....

....

....

11 décembre

Qu'est-ce que ton devoir ? L'exigence de chaque jour.

La résistance, l'opiniâtreté, empoisonnent la plus riche possession, et c'est pour sa peine et sa torture qu'on s'épuise à être juste.
Johan Wolfgang Goethe.

✍Faits importants du jour
....
....
....
....

12 décembre

Le titre de Libérateur n'est-il pas plus glorieux que celui de souverain ?
Simon Bolivar.

✍Faits importants du jour
....
....
....
....

13 décembre

Si nous attribuons les phénomènes inexpliqués au hasard, ce n'est que par des lacunes de notre connaissance.

Pierre Simon de Laplace.

✍Faits importants du jour

....

....

....

....

14 décembre

Le crime comporte son propre châtiment.

Richard Sheridan.

Aime le peuple, évite la foule.

Ferenc Liszt.

✍Faits importants du jour

....

....

....

....

15 décembre

Un laboureur debout est plus grand qu'un gentilhomme à genoux.

Les lois trop douces ne sont pas suivies, les lois trop sévères ne sont pas appliquées.

Le manque de soin fait plus mal que le manque de science.

Benjamin Franklin.

✍Faits importants du jour

....

....

....

....

16 décembre

Le féminisme bien compris exige un rituel féminin. Deux initiations concordantes, mais distinctes s'imposent donc.

Oswald Wirth.

✍Faits importants du jour

....

....

....

....

17 décembre

L'Équerre représente, en un sens, l'action de l'Homme sur la Matière et, dans un autre sens, l'action de l'Homme sur lui-même.

Jules Boucher.

✍Faits importants du jour

....

....

....

....

📖 18 décembre

Le Maillet est le symbole de l'intelligence qui agit et persévère, il est la volonté agissante en mouvement.

Lexique « Symbole des Outils ».

✍Faits importants du jour

....

....

....

....

📖 19 décembre

Fais tes films à ta manière. Mets-y ta marque. Prends une position et tiens-la. Tu te feras des ennemis, mais tu feras de bons films.

David Wark Griffith.

✍Faits importants du jour

....

....

....

....

20 décembre

Nous sommes des femmes et des hommes décidés à construire ensemble une société de justice et de fraternité.

(…) Quand les Conseils auront l'ordre d'avoir de l'ordre, l'Ordre des Conseils pourra conseiller l'ordre…

Grande Loge Mixte de France.

✍Faits importants du jour

……………………………………………………………………

……………………………………………………………………

……………………………………………………………………

……………………………………………………………………

21 décembre

On n'emporte en mourant que ce qu'on a donné.

Emile Deschanel.

✍Faits importants du jour

……………………………………………………………………

……………………………………………………………………

……………………………………………………………………

……………………………………………………………………

22 décembre

Rien n'est plus dangereux que d'être trop moderne ; on risque de devenir soudain ultra démodé.

Oscar Wilde.

Il arrive quelquefois qu'une flèche lancée au hasard atteigne le but que l'archer ne visait pas ; souvent une parole prononcée sans dessein flatte ou déchire un cœur malheureux partagé entre le plaisir et la crainte.
Walter Scott.

✍Faits importants du jour
....
....
....
....

23 décembre

La Perpendiculaire est l'emblème de la recherche – en profondeur – de la vérité, de l'aplomb, de l'équilibre.
Amélie-André Gédalge.

✍Faits importants du jour
....
....
....
....

24 décembre

J'ai été étonné du plaisir qu'on éprouve en faisant le bien.
Pierre Choderlos de Laclos.

✍Faits importants du jour
....
....

....

....

25 décembre

La justice est cette égalité de l'homme qui est préservée par l'équilibre des forces sociales.

L'ordre humain dépend de la manière dont la justice est comprise et interprétée, soit par l'Église soit par la révolution.

Pierre Joseph Proudhon.

Nous naissons différents : soyons ce que nous sommes.

Jean-François Marmontel.

✍Faits importants du jour

....

....

....

....

26 décembre

La pire des maladies de cœur, c'est de ne pas en avoir.

Bob Hope.

✍Faits importants du jour

....

....

....

....

27 décembre

Vous ne pouvez pas aider le pauvre en ruinant le riche.

Aucun homme n'a assez de mémoire pour réussir dans le mensonge.
Abraham Lincoln.

✍Faits importants du jour
....
....
....
....

28 décembre

C'est la pénicilline qui guérit les hommes, mais c'est le bon vin qui les rend heureux.
Alexander Fleming.

✍Faits importants du jour
....
....
....
....

29 décembre

Les faits sont têtus. Il est plus facile de s'arranger avec les statistiques.
Mark Twain.

On endurcit difficilement un bon cœur, il résiste aux raisonnements d'une mauvaise tête, et ses jouissances le consolent des faux brillants du bel-esprit.

(de) Sade.

✍Faits importants du jour

....

....

....

....

30 décembre

Le rêve du méchant est son premier supplice.

Jacques Delille.

✍Faits importants du jour

....

....

....

....

31 décembre

L'ambition prend aux petites âmes plus facilement qu'aux grandes, comme le feu prend plus facilement à la paille, aux chaumières qu'aux palais.

Nicolas Chamfort.

Si toute vie va inévitablement vers sa fin, nous devons durant la nôtre, la colorier avec nos couleurs d'amour et d'espoir.

Marc Chagall.

✍Faits importants du jour

....

....

....

....

Petit lexique

– Affaires de famille : Tenue réservée aux membres de la Loge, car elle les concerne exclusivement.
– Agapes : banquet rituel.
– Art Royal : terme synonyme de Franc-Maçonnerie, art de la construction (connaissance symbolique en Maçonnerie).
– Atelier : lieu de réunion et de travail des Francs-Maçons. Ce terme est encore utilisé en souvenir des Maçons opératifs.
– Cabinet de réflexion : lieu où se retire le profane avant d'être initié.
– Chambre du Milieu : réunion de Maîtres d'où sont exclus les Compagnons et les Apprentis.
– Convent : assemblée générale des représentants des Loges d'une même Obédience.
– Franc-Maçonnerie bleue : c'est celle qui dispense les grades d'Apprenti, de Compagnon et de Maître.
– Franc-Maçonnerie rouge : c'est celle des hauts grades.
– Loge : groupe de Francs-Maçons œuvrant sous un même vocable et pratiquant le même rite, éventuellement, dans une Obédience bien déterminée.
– Loge « sauvage » : Loge n'appartenant à aucune Obédience. Ce vocable est de plus en plus remplacé par « Loge souveraine et indépendante ».
– Morceau d'architecture : exposé oral d'un sujet maçonnique lors d'une Tenue.

– Obédience : groupement d'au minimum trois Loges pratiquant le même rite et soumises à la même autorité administrative, puissance maçonnique ou fédération de Loges.
– Ordre : ensemble de la Franc-Maçonnerie.
– Rite : ensemble des cérémonies et des usages propres à une Loge, à une Obédience.
– Rituel : ouvrage reprenant en détail le déroulement des cérémonies.
– Temple : lieu sacré où se déroulent les cérémonies maçonniques.
– Tenue : assemblée de Francs-Maçons ou séance rituelle.
– Vénérable : président d'une Loge.

Index

Divers :

Bibliographie

(par date de parution)

– « Initiations, rites, sociétés secrètes », Mircea Eliade, Éditions Gallimard, Paris, 1959.
– « Planète », revue, France, 1961-1971 (citation de Jean Servier, auteur de « L'Homme et l'Invisible »).
– « Les Mystères de la cathédrale de Chartres », Louis Charpentier, Robert Laffont, Paris, 1966.
– « Les Francs-Maçons », Pierre Tempels, Association des Amis Philanthropes, Bruxelles, 1976.
– « Dictionnaire de citations du monde entier », Éditions Robert, Paris, 1979.
– « Ils voyageaient la France », Pierre Barret et Jean-Noël Gurgand, Le Livre de Poche/Hachette, France, 1980.
– « La Spiritualité de la Franc-Maçonnerie », Jean-Pierre Bayard, Éditions Dangles, St-Jean-de-Braye, 1982.
– « Dictionnaire des symboles », Jean Chevalier et Alain Gheerbrant, Laffont/Jupiter, Paris, 1982.
– « L'Apprentissage maçonnique, une école de l'Éveil ? », Daniel Beresniak, Éditions Detrad, Paris, 1983.
– Paris, Jacques-Louis Delpal, Éditions Fernand Nathan, France, 1983.
– « La Franc-Maçonnerie, histoire et initiation », Christian Jacq, Éditions Garancière, Paris, 1984.

– « Racines et Secrets de la Franc-Maçonnerie », Marc de Smedt, Questions de/Albin Michel, Paris, 1985.
– « Franc-maçonnerie ou Initiation », Éditions Le Rocher, Monaco, 1985.
– « Guide pour un futur Franc-Maçon », Éditions Le Rocher, Monaco, 1985.
– « Loge souveraine ou loges esclaves », Pierre Dangle, Éditions Le Rocher, Monaco, 1986.
– « En marche vers Compostelle », Florence Bacchetta, Éditions Tricorne-Cerf, Suisse, 1986.
– « Le voyage initiatique », Christian Jacq, Éditions du Rocher, Monaco, 1986.
– « La Force de l'amour », Michel Baroin, Éditions O. Jacob, France, 1987.
– « La Symbolique Maçonnique », Jules Boucher, Dervy Livres, Paris, 1988.
– « Le Compagnonnage », Bernard de Castéra, Presses Universitaires de France, Paris, 1988.
– « Dictionnaire historique des Francs-Maçons », Jean-André Faucher, Librairie Académique Perrin, Paris, 1988.
– « Le compagnonnage en France », Jean-Pierre Bayard, Histoire Payot, Paris, 1990.
– « Le message des Constructeurs de cathédrales », Christian Jacq, Éditions du Rocher, Monaco, 1990.
– « La Tradition cachée des cathédrales », Jean-Pierre Bayard, Éditions Dangles, St-Jean-de-Braye, 1990.
– « L'Esotérisme », Pierre A.Riffard, Éditions Laffont, Paris, 1990.
– « Les rituels secrets d'initiation », Jérôme Pace, De Vicchi Poche, Paris, 1990.
– « Les moines et les prêtres francs-maçons d'hier et d'aujourd'hui », Le Jardin des Dragons, Éditions du Prieuré, Rouvray, 1991.

– « Le temps des cathédrales », Historia Spécial, France, 1991.
– « Humanisme », revue des Francs-Maçons du Grand Orient de France, 1991.
– « Les Enfants d'Hiram », Andries Van den Abeele, Roularta Books, Bruxelles, 1992.
– « L'Ésotérisme », Antoine Faivre, Presses Universitaires de France, Paris, 1992.
– « Citations du XXe siècle », André Festjens, France Loisirs, Paris, 1992.
– « Dictionnaire des traités, discours et symboles, à l'usage des Francs-maçons », Alain Desgris, Éditions Dervy, France, 1995.
– « Le Livre des Superstitions », Eloïse Mozzani, Éditions Robert Laffont, Paris, 1995.
– « Les Mondes Parallèles », magazine, Belgique, 1995 à 1999.
– « Paris-Match », magazine, France, 1996 (citation de Jacques Lafouge).
– « Le Grand Architecte de l'Univers », Jean Delaporte, La Maison de Vie, Fuveau, 2001.
– « Le Crépuscule des Frères. Vers la fin de la franc-maçonnerie », Éditions de la Table Ronde, France, 2005.
– « L'Express », magazine, France, 2005.
– « Le Labyrinthe, un chemin initiatique », Marie Hover, La Maison de Vie, Fuveau, 2006.
– « La Libre Belgique », quotidien, Belgique, 2007 (interview d'Henri Bartholomeeusen).
– « Initiations Magazine », Bimestriel, France, 2007 et 2008.
– « La Franc-maçonnerie, Les dossiers de l'Histoire », Éditions Carbonnel, France (date non précisée).
– Sites « citations » internet : gilles-jobin.org ; evene.fr ; www.citationspolitiques.com ; atheisme.free.fr

– Sites, informations et déclarations d'Obédiences et de Loges (que nous remercions) :

– pour la France : Grand Orient, Droit Humain, Grande Loge Nationale Française, Grande Loge Traditionnelle et Symbolique Opéra, Loge Nationale Française, Ordre Initiatique et Traditionnel de l'Art Royal, Grande Loge Mixte de France, Grande Loge Française du Rite Écossais Primitif, Grande Loge Féminine, Grande Loge Féminine de Memphis Misraïm, Grande Loge Unie, Grande Loge symbolique, Grande Loge Française de Memphis-Misraïm, Grande Loge Mixte Universelle, Groupement International de Tourisme et d'Entraide (G.I.T.E.).

– pour la Suisse : Grand Orient, Grande Loge Féminine.

– pour le Luxembourg : Grand Orient.

– pour le Canada : Droit Humain, Grande Loge du Québec.

– pour la Belgique : Grande Loge, Rite Opératif de Salomon, Lithos Confédération de Loges, Grand Orient, Grande Loge Féminine, Droit Humain.

– Sites divers : www.hiram.be (site d'information et de veille de la Franc-Maçonnerie) ; denistouret.fr (pour Proudhon), www.mason.be (pour la citation commune du 11 juin) ; cepaes-over-blog.com ; alphatel.waika9.com ; fr.wikipedia.org ; geocities.com (pour Foster Bailey) ; www.franc-maconnerie.org (pour compléter la liste les Francs-Maçons célèbres) ; iis.ac.uk (pour Aga Khan III) ; www.godf-eauvive.org ; Marie Deraismes : surlechemindufeminisme.2.zeblog.com.

– Visites « maçonniques » diverses (expositions thématiques, Musées du Grand Orient de France et de Belgique, Maison de l'outil et de la pensée ouvrière de Troyes, Musée Guillon (Compagnonnage) de Romanèche-Thorins, Musée des Monuments historiques et des sites de Paris…), Tenues, conférences, rituels… : de 1985 à 2008.

Table des matières

Notes

Notes

Notes

NOTES

NOTES